论说文作法讲义

孙俍工 著

北京出版集团公司
北京教育出版社

图书在版编目(CIP)数据

论说文作法讲义 / 孙俍工著. ——北京：北京教育出版社，
2014.3

（先生教你写文章）

ISBN 978-7-5522-3436-7

Ⅰ. ①论… Ⅱ. ①孙… Ⅲ. ①议论文—写作 Ⅳ.
①H152.2

中国版本图书馆CIP数据核字(2013)第293568号

先生教你写文章

论说文作法讲义

孙俍工 著

*

北京出版集团公司
北京教育出版社 出版

（北京北三环中路6号）

邮政编码：100120

网址：www.bph.com.cn

北京出版集团公司总发行

全 国 各 地 书 店 经 销

三河市顺兴印务有限公司印刷

*

710×1000　　16开本　　11.25印张　　120千字

2014年3月第1版　　2014年3月第1次印刷

ISBN 978-7-5522-3436-7

定价：21.80元

出版说明

　　语文是我国基础教育最基本的必修科目，起着培养基础语言文字能力和熏陶人文精神的作用。而作文又是语文这一科目的重中之重，写好作文不仅仅是应试之需，更是立己立人之需，陶冶情操、传承人文是作文的内在要求。

　　"先生教你写文章"丛书与市面一般作文图书的最大不同在于，本套丛书收录了二十本民国以来垂范后世的教育大家关于作文写作的经典著作。

最好的老师——遍览世纪大家风采

　　本丛书包括如下作者：梁启超、夏丏尊、胡怀琛、高语罕、刘半农、蒋伯潜、叶圣陶、孙俍工、阮真、朱光潜、朱自清、章衣萍、谭正璧、孙起孟、沐绍良、唐弢、张志公、朱德熙等，他们亲历三千年未有之大变局，在前所未有的文化嬗变中，既葆有旧时代的文脉，学问周正一流，又兼有新时代的精神，开拓创新，视野宽阔，能吸收西方的先进理念。他们的著作兼具传统与现代汉语的内在之美，都是典范传世之作，他们的为人与为文影响、滋养了几代中国人。

这些教育大家确立了现代中国白话文写作的典范，如：梁启超先生的文章明白畅达，在当时受到一代青年学子的追捧；朱光潜先生的文章深入浅出，讲解生动；朱自清先生的散文优美清丽，早已是中国散文史上的经典之作。

这些教育大家亦是中国现代汉语规范的创立者和语文教育的真正开创者，如：张志公先生提出了"汉语辞章学"的概念，初步构拟出汉语辞章学的理论框架。又如：汉语语法学界的语言学大师朱德熙先生，是一位富于开创精神的杰出学者，在语法研究上以其独特的语法思想与科学的分析方法，深入地研究汉语语法现象，奠定了汉语描写语法的基础。

最好的指导——倾心传授写作之道

本套丛书凝聚了数代学界名流的学术成果和研究心血。语文教育大家叶圣陶先生从写什么、怎样写、文章句子的具体安排、文章中的会话一直到文章的静态与动态，都一一详述；夏丏尊先生从阅读到写作的论述语言生动，见解独到，举一反三；梁启超先生对于作文之法则、规矩的讲论，语言畅达，并富有说服力，全面阐述了各类文体所应遵循的规则，以及提高写作水平的方法；朱光潜先生以深厚的学术涵养与理论高度来谈论写作，文章深入浅出，语言平易近人，让读者在美学照应之下得到关于写作的内在之道；朱自清先生对于写作有自己独特的见解，认为"思想、谈话、演说、作文，这四步一步比一步难，一步比一步需要更多的条理"，推崇"多看、多朗读、多习作"；朱德熙先生从主题、结构、表现、词汇、句子、标点等六方面阐述写作之道，每章之后附有习题，举例丰富，说明切实具体，体现着朱德熙先生关于中学语法教学的先进理念……这些论述在当时对于提高中学生的写作能力裨益甚多，我们相信，对于当下中学生的写作同样具有极大好处，对提高中学语文教学质量一定也具有重要的指导作用。

虽然历史已往，时代在变，但是传统文化中那些熠熠闪光的精华永远不会被埋没。

我们希望通过本套"先生教你写文章"丛书让读者朋友从中领悟文章写作一脉相承和推陈出新的道理，给现代作文教育一个新的思考方向，也希望能帮助中学语文教师更好地指导学生学习写作，更希望广大青少年读者，尤其是在校中学生可以通过这套丛书更深刻地理解写作的内在精要，真正掌握写作规律，从而提高写作能力。

先生之诚，作文之道，尽在于此。

2014 年 3 月

本书说明

　　《论说文作法讲义》是1924年由商务印书馆出版的，先后于1933年、1935年两次再版。作者孙俍工先生是我国现代一位有影响的教育家、语言学家、文学家和翻译家，因渊博的知识、进步的思想一直被毛泽东尊崇为老师。此书分为三章，着重讲述说明文与辩论文的写法。作者讲解生动，论述精彩，对于说明文与辩论文的写作有着独到的见解。

目 录
contents

第三章　辩论文

序

　　关于初级中学国文一科的①教材，以我个人的忍耐与努力，及和我主张相同的几个朋友的赞同与帮助，到现在这部《论说文作法讲义》出版为止，统共已经有了五种，便是：

　　一、《初级中学国语文读本》（民智出版）

　　二、《中国语法讲义》（东亚）

　　三、《记叙文作法讲义》（民智）

　　四、《论说文作法讲义》（商务）

　　五、《小说作法讲义》（中华）

　　这五种中除第一种是我和我的朋友仲九合编的而外，其余都是我个人自己编的。现在趁着这个机会把编辑这几部书的用意和方法等拢总提出来说一说，代作这部讲义的序言。

　　中国自文学革命的声浪奔腾汹涌以来，已经有了七八年了。在这几年中影响所及，在国文教授上，古

1

文与国语成了问题，怎样去教国语成了问题，而教的是什么样的一种国语，尤其成了一个极重要的问题；于是而国文教员的责任与困难，也就不知增加了多少哩！

我的朋友名鸿、鲁安二君，在介绍我所编的《记叙文作法讲义》一文里说：

"……我们以为此时必须有冒险的航行者，在这国文教学的海里，探出一条正确路径，避开那些看不出来的暗礁，指给我们几桩具体的系统的方法，也好让我们来比较得失，也好给我们从容取则，也好有个津逮可寻。"

——《北京师大周刊》

这真是极确切的话呵！因为我们生在这个时期，如果同那用了乡愿的态度去从事于教学国文的前辈先生一般，改进既不敢，退避又可惜，实在是我们一件极痛苦的事；不得已，只有去做一个冒险航行者了。所以他们俩那几句话，实在是极确切的，而且可以代替我编辑这几种书的用意的说明。

现在谈到编辑的方法。

说到编辑的方法，我以为第一要认识文章的要素是什么！我们提起文章一词，便有两个最重要的观念显现在我们的前面，便是：一、内容，二、形式，这就是文章的要素。我们做文离掉了这两个要素，固然不能成为文章，就是在这两个要素当中，无论缺少了哪一个，也不能加上文章这一个名目；这是我们素来所承认的。所谓内容和形式是什么？

现在用表分析在下面：

所谓事物，包括人物与自然，以及人物与人物和人物与自然所发生的关系；所谓思想，包括一切的见解、研究、信仰等；所谓情绪，包括悲哀、喜悦、愤怒、悔恨、恐惧、厌恶、怜悯，以及恋爱、希望等，虽然一篇文章的内容不必尽包含有以上各项的事件，但至少总具备有一项或二三项以上的。（近来很有人反对教授国语文涉及思想的，那就是犯了不细察文章的内容的弊病。）

构造包含词、句和段落等。

体裁的分类，有的根据文章的目的分为实用文与美文二类；有的根据文章的内容分为知的文章、意的文章、情的文章三类；有的又根据文章的性质分为记载文、记叙文、说明文、辩论文、诱导文（以上实用文——杂文学）以及诗歌、小说、戏剧（以上美文——纯文学）等八类；我看这几种分法，都没有大差别，都是对的，不过分类的标准各有不同罢了。我们看了下列的表便可知道。

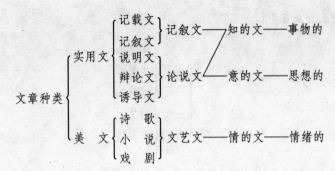

色彩就是文章的美质，在文章的形式方面也是占重要的位置的。

以上是文章的要素。

文章的要素认识了，第二便要明白教材应怎么支配。关于这一点我们现在根据文章的内容与形式两方面来说明罢。

一、关于内容方面的：

事物的（记叙文）————一年级
思想的（论说文）————二年级
情绪的（文艺文）————三年级

二、关于形式方面的：

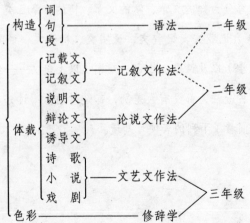

我们在教授上，教材的支配，是这样一个主张。

原来教材可以分为两种：一是属于内容的讲读的教材，一是属于形式的方法的教材。我们的主张分析开说便是：

讲读的教材，第一年教记叙文，重在描写景物纪叙事实；第二年教论说文，重在启导知识，发挥思想；第三年教文艺文重在陶冶情感，启发性灵。

方法的教材，第一年语法与记叙文作法兼教，语法包括词的性质、句的组织等，是文章的基础，所以必须在第一年学习；而又因为同年讲读的教材是偏重记叙文的缘故，所以必须兼教记叙文作法。第二年讲读的教材，偏重在论说文了，所以应教论说文作法（但应在记叙文作法教完以后）。到了第三年，讲读的教材偏重在文艺文，所以应教文艺文作法；修辞学为修饰文章的工具，关系文章全体的美质，所以也应兼教。

总之，讲读的教材，与方法的教材，二者的支配是互相关联的。

以上就是我们的教材的支配法。

我们把文章的要素是什么，和教材怎样支配，这两个问题弄明白了，便可以谈到我们所以编辑这几部书的方法了。但我们为免掉麻烦起见仍旧用表表示于下：

读本第一二两编，是一年级所的；包含文章共的若干五篇。因为这一年主要教材是记叙文，所以记叙文在这年级里，以篇数论，约占十分之四，以字数论约占十分之六。

读本第三四两编，是二年级用的；包含文章共的七十篇。因为这一年主要的教材是论说文，所以长篇的论说文约占二分之一……

读本第五六两编是三年级用的。因为这一年主要教材是文艺文，所以这两编里所选的差合是从各国翻译得来的三十八篇短篇的小说作品……

《中国语法讲义》，是第一年级用的，全书约六万字，分为三篇：一是概论，二是词的专论，三是句的专论，每星期授一小时，约一个学期可授完。

第一章 绪论

一 论说文的范围

论说文就是说明和辩论两种文体的合称。

按照作文法的分类，本有记载文、纪叙文、说明文（解释）、辩论文（议论）、诱导文五种；但以前四种为最重要；现在依着性质相近而又很有连带关系的把来分做两大类：一是包括记载文与纪叙文的记叙文，一是包括说明文与辩论文的论说文。

我们初学做文章的人，以先学记叙文为容易学会；因为记叙风景事物是以客观为主的。而客观的材料比较容易搜得的缘故。记叙文学好了，进一步便是要学

★ 我们初学做文章的人，以先学记叙文为容易学会；因为记叙风景事物是以客观为主的。

《论说文作法讲义》1924 年初版

1

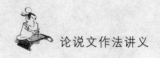

论说文了。论说文里所用的说明和辩证等文法和材料，是以记叙文为基础的，是主观的判断与客观的观察并重的，比较记叙文较为复杂繁难，所以宜后学习。

关于记叙文的作法，我已经编了一部《记叙文作法讲义》❶，这是用不着再讲了。现在所要讲的是这包含说明辩论二种文体的论说文作法。

❶《记叙文作法讲义》：孙俍工著，民智书局 1924 年初版。

二　论说文作者的准备

不过在这里未讲作法以先，我们有一个要紧的问题要讨论的就是作者自身的问题——怎样才能成一个论说文作者？换句话说：就是一个论说文作者，要有怎样的准备或修养，才能成功？我们要讲作法，须得先解决这个问题。

我们还记得在《记叙文作法讲义》里说过，我们做文章的时候，有两件重大的事摆在我们前面，其一就是材料问题。材料可分为两种：一种是在心内的，即思考的和感觉的；一种是在自身以外，即眼所见耳所闻的。（第二章《写景》十一页）论说文的材料恰好是属于第一种，材料的取得，应用思考和感觉的处所最多。我们根据这一点来谈到论说文作者的准备这一个先决问题，那么，就有两个条件应该提出在这里了。

第一，精细的思想。我们无论说明一件事物，或论辩一桩事理，须得先对于那事物或那事理有一种深到的研究，才能发挥得透彻❶。这种深到的研究，便需赖着精细的思想。

精细的思想的养成，有两个应注意的条件：一是真实，一是周到。

我们做文章，最应避忌的是说谎。我们应该把自己的经验感情思想如实地发挥出来，这是普通应有的态度，无论做记叙文或是论说文；不过在论说文里特别来得重要罢了。比方我们做一篇"什么是文学"的说明文，如果并非从我们自己的经验思想立脚，只是集合许多的虚语浮词，那有什么价值呢？这是不真实的弊病。又如我们说明"什么是文学"时，关于文学所包含的内容条件，未说得完全，遗漏的处所很多，或者有意思达不出来，人家看了不甚明白，这都是不周到的弊病。精细的思想的养成，就在于避掉这两种弊病。

第二，丰富的知识。真实，周到，不过是养成精细的思想的两个条件。但是思想的来源，还是与知识有很密切的关系，所以一个论说文作者的准备的第二

❶ 透彻：原书为"透澈"。后同。

3

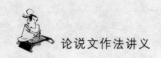

个条件就是丰富的知识。

文章的种类，本来可以分为二种：一是情的文章，一是知的文章。

情的文章是以感情为主所做成的文章，彼的材料内容，多半是从人类的情绪中得来，彼所给予读者的是在情感的唤起与再生。知的文章是以知识为主所做成的文章，这一种文章的材料内容，多半是从人类的思想与事物的原理中得来；彼所给予读者的是知识的启发与判断。论说文纯是属于知的方面的一种文章，所以欲造成一个论说文作者，最要的修养就是知识上的准备；因为要有充分的知识，文章才能够臻于内容完备，理由充足，条理明晰的境地，发表出来，才能感动人，才能收到效果。

关于知识上的准备，有三个极应注意的条件：一是多观察事物，二是多体验事理，三是多读有益的书籍。多观察事物，是储备自然界与人间的基本知识的；多体验事理是养成判断与推理的基本常识的；多读有益的书籍，如科学历史论理等是供给我们以各种常识的参考和证据的，这都是使我们知识丰富的最要的途径呵！

总之，论说文从文章的全体说来是一种知的文章，

彼的材料多半是从人类的心的方面，思考和感觉里取得的；一个作者，要想做出美好而有力的论说文，渠❶的自身对于思想和知识上必定要有充分的准备或修养才能成功。说明白一点，就是精细的思想和丰富的知识，是论说文作者的准备必要的两个条件，万不可忽略的。

❶ 渠：人称代词，他。

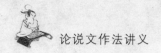

第二章　说明文

一　说明文的意义

　　说明文又叫做解释文，是一种解说物体、剖析事端、注释意象的文章；彼的目的是在使人理解物体的真相[1]、事端的关系和意象的原理等根本意义，并给予读者以关于这等根本意义的知识。

　　说明文与记叙文中写景的区别是：写景单是以描写眼所见的实物的形状颜色为止，说明文的材料，则不限于眼所见的形态与色彩。例如以一只燕子为题，我们要做一篇写景文，那只能描写我们眼中所看见的现在这一只燕子，我们只能描写彼的形体的大小、羽

❶ 真相：原书为"真象"。后同。

6

翼的状态、雄或是雌、落在什么地方，或是在清晨的日光中，或是在绵密的细雨里怎样翩翩地飞舞，这是写景的范围，至于在说明文里便大不相同了。在说明文里的燕子并不是这一只或那一只的燕子；我们所说明的是燕子的全体，是彼的种类、习性、生活以及和别的鸟类的区别的所在，这是说明文的范围，也就是说明文与写景文的区别。

说明文与记叙文中的叙事也是有区别的。以一桩杀人事件为题来做例子吧。叙事所负的任务是"在什么地方，某月某日，某人把某君杀死了"。说明文所负的任务，则必详说杀人事件的真相、加害者与被害者的关系，以及加害的方法怎样。而且叙事在叙述事件的经过时，为要引起读者的同情的缘故，每每以作者的主观去变更事实的真相，或故意夸大事件的内容；这在说明文便不许可的。因为说明是在解释事件的真相使人理解为宗旨的呀。这是说明文与叙事文的区别。

★ 说明文与记叙文中的叙事也是有区别的。

二　说明文的题式

说明文的题目，普通所用的有两种形式。

（一）单词　如"说明文""书籍""道德""社会

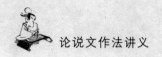

问题"……

（二）复词　这又可分为两种：

（甲）疑问式——如"什么是说明文""书籍是什么""何谓道德""何谓社会问题"……

（乙）直述式——如"说明文与记叙文的区别""书籍与文化的关系""贫穷的原因""书籍的起源"……

古书上所注释的和字典上解释的多半是用的第一种，教科书、讲义及长篇的演讲多半是用的第二种。其他在古文里还有用"原道""原才""原士"这一种题式的，但在国语文里用不着。还有在一个大题目的下面标出几个小题目来的，这样式例最多，这里不详举了。

三　说明文的作法（一）

定义的要件

★ 说明文的最简单的就是单语的定义。

说明文的最简单的就是单语的定义。然而一切的说明文不外以单语的定义为基础而组合成的。所以要做说明文必得先从单语的定义开始。

一个完全的定义有七个要件：

1.语源或语的历史　即以语词的来源或历史上的变迁来说明本语的定义的。例如：

"家"是从宀从从人。宀音绵，交覆深屋也；从人是三人字，合起来就是在屋顶之下有三人居住。按从人字之义为"三人成众"，二个是大人，一个是小人，就是屋内住着一对夫妇和小儿的意思。

——江亢虎《女权问题》一

这是以"家"字的来源来解释"家"字的。

……"姓"字从女从生，声从生而义从女；但是声母也有含着意义的表现，这是中国字的通例。按着这个去说，而知"姓"字从女而生；即吾人之姓，从女而来；古人之姓，从女而得。讲中国"姓""氏"两个字，却是极有趣味一回事。今日所谓姓氏其字义恰与古人所谓姓氏相反。古之所谓姓，今之所谓氏也；古之所谓氏，今之所谓姓也。何以呢？因为古人得姓，从女系——母系——不从男系——父系。到后来有了氏，氏则从父而得。现在恰巧相反了！你若问人尊姓，其人必据父系之姓而告，而女子却反称姓为氏了。譬如说张门李氏，李必为女子之姓，一望皆知，这不是相反了吗？

……总之，我们可以晓得姓氏之用，今古相反。在古时姓氏分开，读《春秋》❶我们可以见到，而且姓，大都是从女的，像婼、姜、姬、嬴、姚都

❶《春秋》：古代中国的儒家典籍，被列为"五经"之一。《春秋》是鲁国的编年史，据传是由孔子修订的。书中用于记事的语言极为简练，然而几乎每个句子都暗含褒贬之意，被后人称为"春秋笔法"。由于《春秋》的记事过于简略，因而后来出现了很多对《春秋》所记载的历史进行详细记录的"传"，较为有名的是被称为"春秋三传"的《左传》《公羊传》和《谷梁传》。

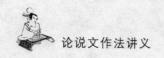

可以知道是从女而来；至于氏呢，若高阳氏……都是从父系而得。由此可知氏非原来有的，是先有姓以后才有的。总之在上古时，人知有母不知有父。得姓自女，女握大权；其后男子强盛，于是姓从父得。

——引同前

这是以古今语意的变迁来解释"姓""氏"两个字的意义的。

2. 事物所属的种类　就是被说明的事物所属的类名的解释。如说：

茶碗是饮器。

笔是文具。

修辞是关于言语文章的技术。

书籍是印刷物。

马是兽类。

这几个定义，都是以类名去解释所说明的事物的。饮器、文具、技术、印刷物、兽类都是类名，茶碗、笔、修辞、书籍、马是各类名里所属的一种。

这种定义，有两个应注意的条件：

第一，是所举的类名的范围要狭。如说"猫是生物"不如说"猫是动物"来得切近一点；如这还嫌范围宽泛，则说是"哺乳动物"，说是"食肉类动物"，那就更加切近，而所说明的意义也就更加明显了。

★ 事物所属的种类，就是被说明的事物所属的类名的解释。

10

第二，是所举的类名的含义须适合说明的目的。如在法律上的说明文中解释"茶碗"或"马"时，说"茶碗是饮具"，说"马是兽类"，不如说"茶碗是动产"，"马是动产"。因为动产是与法律上有关的名词，是适合说明的目的的。

3. 特色　即对于同种类中的他种事物特别不同的处所的说明。如说：

> 笔是写字用的。
> 书籍是预备永久保存给多数人看的。
> 人是能造器具的动物。

这几个例子都是。这种特色如"写字用的""预备永久保存给人看的""能造器具的"都是专对于人间生活上的效用说的。以外还有以物的成分、组织、变化等来解释物的特色的，如说：

> 变形虫（Amaeba）是一细胞所成，形体甚小，体质为无色透明的外肉与富于颗粒的内肉所组合；外肉能伸缩，能运动，能呼吸，能应外界的刺激；内肉含有一核，能生殖，生殖时核便分裂为两个。

这是物的组织和变化。又如说"水是 H_2O"，"硫酸是 H_2SO_4"，这便是物的成分了。

4. 分类　分类也是解释事物时必要的条件。如说：

★ 特色，即对于同种类中的他种事物特别不同的处所的说明。

11

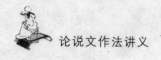

劳动可分为三种：（1）生产的劳动，能生产利益的；（2）消遣的劳动，是虚费光阴的；（3）破坏的劳动，如兵队之战争都是为破坏而有害的。

——江亢虎《社会问题》

美术分作动静两类：静的是空间的关系；动的是时间的关系。静的美术，普通也用图像❶美术的名词作范围。他的托始是一种装饰品：最早的在身体上；其次在用具上，就是图案；又其次乃有独立的图像，就是造象与绘画。由静的美术过渡到动的美术，是舞蹈，可算是活的图像。在低级民族，舞蹈时候，都有唱歌与乐器；我们就不免联想到诗韵与音乐。舞蹈、诗歌、音乐都是动的美术。

——蔡孑民❷《美术的起源》

这是说明"劳动""美术"时所用的分类的解释。有了这种分类的解释，我们对于"劳动"和"美术"两个名词的意义的理解，便更加切实了。不过这里有一层应该注意的，就是分类应有一个适合的标准；换句话说，就是所分的类目，应该在同一的标准范围以内。比方教育一词，我们可以分为家庭教育、学校教育、幼稚园教育、社会教育；又可以分为普通教育、专门教育。又如书籍的分类，我们可以分为板刻的、铅印的，又可分为洋装的、中国装的，又可分为洋文的、中文的，又可分为文学的、哲学的、科学的等；

❶ 图像：原书为"图象"。后同。

❷ 蔡孑民：即蔡元培（1868-1940），近代革命家、教育家、政治家。中华民国首任教育总长，1917年任北京大学校长，革新北大，开"学术"与"自由"之风，1927年任国民政府大学院院长，后改任中央研究院院长。代表作有《蔡元培自述》《中国伦理学史》等。

这都是因为标准不同的缘故。因为家庭教育、社会教育等的分类是以施教的处所作标准的；普通教育、专门教育的分类是以所教的事项作标准的；书籍也是这样，或根据板本，或根据装订，或根据文字，或根据内容，标准不同，所分出来的类目也就不同了。所以分类须注重标准，然后所分的类目才能一致，这是极应该注意的。

5.实例　分类分好了，跟着的就是实例。如前两例"劳动"与"美术"要实在地举出例来便是：

＊　分类分好了，跟着的就是实例。

（a）关于劳动的
　　①生产的劳动——工人、农人等；
　　②消遣的劳动——游戏、演剧等；
　　③破坏的劳动——军官、兵士等。
（b）关于美术的
　　①静的美术——图画、雕刻等；
　　②动的美术——舞蹈、诗歌、音乐等。

这样，对于这两个意义的理解便更加切实了。

《红楼梦》《水浒》《儒林外史》是小说，《孔雀东南飞》《木兰行》是诗歌，《桃花扇》《西厢记》是剧曲。

——文学分类的实例。

樱、松、稻等是显花植物，羊齿、木贼、藓、菌等是隐花植物。

——植物分类的实例。

这也是实例的好例子。又如：

　　……在民歌这个总名之下，可以分作这几大类：

　　（1）情歌

　　（2）生活歌　包括各种职业劳动的歌，以及描写社会家庭生活者，如童养媳及姑妇的歌皆是。

　　（3）滑稽歌　嘲弄讽刺及"没有意思"的歌皆属之，唯❶后者殊不多，大抵可以归到儿歌里去。

　　（4）叙事歌　即韵文的故事，"孔雀东南飞"及"木兰行"是最好的例，但现在通行的似不多见。又有一种"即事"的民歌，叙述当代的事情，如北地通行的"不剃辫子没法混，剃了辫子怕张顺"便是。中国史书上所载有应验的"童谣"，有一部分是这些歌谣，其大多数原是普通的儿歌，经古人附会作荧惑的神示罢了。

　　（5）仪式歌　如结婚的撒帐❷歌等，行禁厌时的祝语亦属之。占候歌诀也应该附在这里。谚语是理知的产物，本与主情的歌谣殊异，但因也用歌谣的形式，又与仪式占候歌有连带的关系，所以附在末尾；古代的诗的哲学书都归在诗里，这正是相同的例了。

　　（6）儿歌　儿歌的性质与普通的民歌颇有不同，所以别立一类。也有本是大人的歌而儿童学唱者，虽然依照通行的范围可以当作儿歌，但严格的

❶ 唯：原书为"惟"。后同。

❷ 撒帐：撒帐婚仪起源于汉朝。《事物原始》说："李夫人初至，帝迎入帐中共坐，欢饮之后，预戒宫人遥撒五色同心花果，帝与夫人以衣裾盛之，云得果多，得子多也。"将五色果撒向帐中，帐中的汉武帝与夫人以衣裾接往怀中，据说所接五色果越多，得子越多。撒帐，则是以帐中婚床或帐中新婚夫妇为对象的，中心活动是新夫妇交拜毕，并坐床沿，妇女各以金钱彩果撒掷。

说来应归入民歌部门才对。……现在只就歌的性质上分作两项：

（1）事物歌

（2）游戏歌

事物歌包含一切抒情叙事的歌，谜语其实是一种咏物诗，所以也收在里边。唱歌而伴以动作者则为游戏歌，实即叙事的扮演，可以说是原始的戏曲。……

——周作人❶《歌谣》

这个例子，说明民歌所含各类，除"情歌"外，皆举有实例的。

譬如日字作☉，像太阳的形象❷；月字作☽，像月亮的形象；鸟字作🐦，鱼字作🐟，像鸟鱼的形象；草字作艸，木字作朩，像草木的形象；这些是顶早造的字，就叫做"象形"字。但是有形可以像的，才可以造象形字，没有形可以像的，便又想出一种法子来：譬如上字作⊥，下字作⊤，立字作𠆥，上、下、立这些字，都是没有形可以像的，于是假定一画做个标准；在一画上面竖|，便是上字；在一画下面竖|，便是下字；至于立字这一画，又把它当作地的记号，上面写个大字，（大是古文的大字，大字本来的意义，就是人字。）仿佛是人立在地上的样子：这种叫做"指事"字。意思是说指着这事体的样子，看了这个假定的形象，可以晓得这个字的意义。后来还有"会意"字，是把几个字合成一个字，这几个字的意义，就是这合成的一个字

❶ 周作人（1885-1967）：鲁迅之弟，中国现代著名散文家、文学理论家、评论家、翻译家，中国民俗学开拓人，新文化运动的杰出代表。代表作有《谈虎集》《瓜豆集》《自己的园地》等。

❷ 形象：原书为"形像"。后同。

15

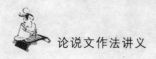

的意义。譬如天字从一、大两个字，就是说天是第一样大的东西，没有第二样东西能比它的。初字的意义，是起头裁衣服，所以从刀、衣两个字，就是说拿刀去裁衣服的意思。休字的意义是说人休息，所以从人、木两个字，就是说人坐在树木底下休息的意思；老字的意义就是老年人，所以从人、毛、匕，（现在楷书写老字笔画都错，照正体应该写做𠮷字。）就是说人到老了，他身上的毛如眉毛、胡须、头发这些东西，都要从黑颜色变化做白颜色的意思。（匕字是变化的化字的正体。）这"象形""指事""会意"三种字，都是从形象意义上头造出来的。但是社会上的事体，是一天多一天，形象意义，是有不够用的时候，于是又造出一种"形声"字来。什[1]么叫做形声字呢？就是一边写这字的形象（就是意义），一边写这字的声音。譬如蘇字，本义是紫蘇，是草类的东西，所以从艸（艸字就是草木的"草"字的正体），是个形；声音和穌字一样所以从穌，是个声。喉字本义是喉咙，喉咙在嘴里边所以从口，是个形；声音和侯字一样所以从侯，是个声。響字本义是音響，所以从音，是个形；声音和鄉字一样，所以从鄉，是个声。餌字本义，是粉做的饼，可以吃的，所以从食，是个形；声音和耳字一样，所以从耳，是个声。自从这形声字一造，一切的东西，都可以有名目了。……

————章太炎[2]《中国文字的源流》

这例里解释象形、指事、会意、形声等，都举有

❶ 什：原书为"甚"。后同。

❷ 章太炎（1869-1936）：清末民初思想家、史学家、朴学大师、国学大师。研究范围涉及小学、历史、哲学、政治等，著述甚丰，代表作有《章氏丛书》《章太炎年谱长编》《章太炎医论》等。

16

实例，可算极其明白的了。

6.对称　即以同类中互相对待的事物，来解释一个事物的一种解释法。如说：

> 植物是生物中不是动物的一部分。
> 显花植物是隐花植物的对称。
> 文学的对称是科学。

7.类似语和同义语　类似语，即语意相似而实际不同的一种语词。同义语便是语意完全相同的语词。我们说明一个定义时，对于这种语词，须明白地解释出来。如说：

> 文学不是普通的文字。
> 节俭并不是吝啬。
> 习字纸也是用文字写的，但不是预备永久保给多数人看的，所以不是书籍。

这是类似语的例子。解释类似语，有时须详细或比较地说明的。我们看下面几个例子便可知道。

> 神话与传说形式相同，但神话中所讲者是神的事情，传说是人的事情；其性质一是宗教的，一是历史的。传说与故事亦相同，但传说中所讲的是半神的英雄，故事中所讲的是世间的名人；其性质一是历史的，一是传记的。这三种可以归作一类，人与事并重，时地亦多有着落，与重事不重人的童话相对。
> ——周作人《神话与传说》❶

❶《神话与传说》：出自《自己的园地》，于1923年9月由北京晨报社初版印行。

17

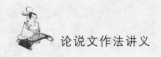

……社会主义和社会学、社会政策、社会服务、社会救济不同；许多人混成一事，分别不开，现在可以比较地❶说说。

❶ 地：原书为"的"。后同。

"社会学"是科学；"社会主义"是主张。科学是用研究的，讨论的态度；凡是考察社会如何起源，如何发展，如何是它的趋向，用过去归纳到现在，就现在又推测到将来：这都是社会学的范围，是不加自己的意见要它如何进行的。社会主义，就有一种主张，希望能够实行，达到自己的目的；和专门研究讨论是完全两样。

"社会政策"是政府看见社会不安的情形，要防止扰乱，缓和革命，定出些优待劳动的办法，——如工场管理法，等等——或扶助资本家，行一种温和主义，笼络一般不平的劳动家，只要不起暴动就完事。"社会主义者"便不然；要把社会上许多的弊害，从根本上解决，那些不彻底的办法，敷衍一时的手段，都不赞成。德国宰相俾斯马克，他的社会政策很有名，也就是抵制社会主义的一种很得手的方法。

"社会服务"是热心救世的各个人，看见社会上有许多痛苦，许多罪恶，制度也不完全，生活也不充美；就发生一种同情心，不辞劳苦，不惜牺牲，专为社会上尽义务，想把污秽的变为清净的，黑暗的变为光明的；如传教、讲演、办学校、设平民工厂……自己并不希望什么报酬。这种人很可敬的，一般宗教家和社会改良家，都乐于从事；里面也不能说是没有社会主义者。究竟是因

陋就简的治标法，做一件，算一件，不是社会主义的根本计划❶，谋全体的解决，这也要分清。

"社会救济"是临时的治标法。上面说的社会服务，还是平时就有，性质较为长久些；这种救济，都是随着一种变故发生。比如今年的旱灾，就拿些钱出来买粮食和衣服先放赈；或是遇瘟疫传染，就设法防止，施药治疗；此外社会上种种不幸的现象，都用救济的方法，谋一部分的安全，和社会主义，可以说是没有什么关系。不过和社会政策，还有一点相同。

……还有宗教家、政治家、哲学家和社会主义家，有许多混同，也要把它弄明白，免得发生许多误会。解释如下：

"宗教家"有信仰，有狂热，有牺牲的精神。社会主义家，本来也是如此；不过有一种大大的区别。世界上的宗教很多，都是由亚洲发生；就我个人观察，可以佛氏"三界唯心，万法唯识"二语为代表。宗教是谋精神上的解决，从个人方面着想，偏重在"正心修身"。社会主义是谋物质上的解决，从社会方面着想，注重在"治国平天下"。所以宗教是唯心的，是精神方面的，是以个人为本位的，是求达到灵魂安全的；社会主义是唯物的，是物质方面的，是以社会为本位的，是求达到人类生活的。

"政治家"要组织政党，运动选举，作政治上的活动，想揽政权；社会主义家，有时也一样的努力。看起来似乎不分，其实是各有各的作用，政治家要施行他的政策得到政权，能够件件办好，就算达到目

❶ 计划：原书为"计画"。后同。

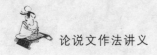

❶ 马克斯：今译马克思（1818-1883），无产阶级政治家、哲学家、经济学家、革命理论家，主要著作有《资本论》《共产党宣言》。

❷ 黑格儿：今译黑格尔（1770-1831），德国古典哲学时期的代表，他对德国资产阶级的国家哲学作了最系统、最丰富和最完整的阐述。代表作有《精神现象学》《逻辑学》《法哲学原理》等。

❸ 罗素（1872-1970）：20世纪英国著名哲学家、数学家、逻辑学家，代表作有《幸福之路》《西方哲学史》《数学原理》《物的分析》等。

的，还有发官迷的，只要有官做就完事。社会主义家，虽然政权到手，在政治上不过是一种手段；还要解决经济问题，谋社会全体的福利，不是以政权为最终的目的；不专为得做官，那更不用说了。所以政治家是以政治为目的，社会主义家，是以政治为手段。

"哲学家"同时做社会主义家，这是常有的事，比如马克斯❶是德国哲学家黑格儿❷的门徒。现在来中国的罗素❸，他很信服"基尔特社会主义"，他本是哲学家，并且是用数学物理学来研究哲学的大家。但是社会主义，不能看成哲学，因为哲学只发明原理，就是如何如何，或是应该如何，却不注意制度，不表示手段；虽有理想，不能实行。社会主义，则不仅理想；应如何就要如何，都有个具体的办法，注重制度和手段。所以哲学是研究的，理想的；社会主义是试验的，实行的。

——江亢虎《社会主义之今昔》

幻觉可以认为感觉印象的错误。例如：病人看见一样东西，并不真实存在，或是听闻一种想象的声音。幻觉有视觉的，有听觉的，有触觉的，依照错误的印象所属的感官而定。内中以听官的错觉最为普通。哪个声音是愉快的，是不愉快的，大概都牵涉和病人最近生活有关系的事物，并且它们时常带有侮辱的注解或谩骂，像印板一样的反复听闻。因此病人常会听闻一种声音，历数他的罪恶，且不久就要处死他。病者因欲说明这些奇异的现象，常常构成几个虚幻的假设来劝戒自己，说它们从无线电话来的，或是说神灵来警告他的。

幻想和幻觉极相近，而且大概是随同幻觉发生的。在事实上它们是有区别的，幻想不是错误的感觉，而是错误的信念。所以倘病人见一件实际没有的东西，这是幻觉；倘使他自信自己是世界的统治者，那便是幻想了。

——李小峰、潘梓年❶合译《疯狂心理》

这是三个解释类似语的好例子。神话与传说、故事、童话等类似的名词，很不易认识，我们看了第一例便明白了。社会主义与社会学、社会政策、社会服务、社会济救等名词也很容易混同，社会主义家与哲学家、宗教家、政治家等也很有类似的地方，我们看了第二例，便能够辨识了。幻觉与幻想也是类似的名词，第三例为我们也解释得极其清楚。这种解释，是在说明文里所极不可少的。

以上是类似语的例子。现在再说同义语。

同义语在说明文里也很重要。通常的用法，是以一时代的语言去解释别一时代的语言，或是一地方的语言去解释另一地方的语言。

> 戏曲英文叫做 drama。
> 留声机，就是北京人所说的话匣子。
> 南京就是战国时楚属的金陵邑，唐时的白下。
> 得一九二三年诺贝尔文学奖金的夏芝❷，就是 Yeats 的译音。

❶ 潘梓年（1893-1972）：现代哲学家，代表作有《文学概论》《逻辑和逻辑学》。

❷ 夏芝：今译为叶芝（1865-1939）；爱尔兰著名诗人、剧作家，1923 年度诺贝尔文学奖得主。代表作有《塔楼》《旋梯》。

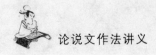
这些例子都是。又如：

······《晋书》说王衍❶少时，山涛❷称赞他道："何物老妪，生宁馨儿！"从来不通的文人把"宁馨"当作一个古典用，以为很雅很美。其实"宁馨"即是现在苏州上海人的"那哼"。但是这班不通的文人，一定说"那哼"就"鄙俗可嚓"了。《王衍传》又说王衍的妻郭氏把钱围绕床下，衍早晨起来见钱，对婢女说，"举阿堵物去"。后来不通的文人又把"阿堵物"用作一个古典，以为很雅很美。其实"阿堵"即是苏州人说的"阿笃"，官话说的"那些"。但是这班不通文人一定说"阿笃""那些"都是"鄙俗可嚓"了！

——胡适❸《国语的进化》

······什么叫做嫔媵❹呢？譬如有某姓娶某姓之女，虽然他所娶的只一个女子，而有许多女子跟过去，那一个女子是正妻，其余的便是嫔媵。做嫔媵的女子，不限定于姊妹，诸姑姪以至女甥，上下的辈分，都可以为嫔媵，一起嫁过去。譬如姓张的娶姓李的女子，虽然所娶者仅为李姓长女，而姓李的还须加了许多嫔媵陪嫁过去。若是人数少时，年纪轻的，——七八岁，十一二岁的女孩子——也陪嫁过去了。这种年纪轻的女子，叫做侍年，像现时童养媳一般。我们若读《春秋礼记》等书，能够时常看见这种字样。在当时以为这是应该的，这种制度，在贵族很盛行。他们以女子为轻贱，故实行此等多妻制度，滔滔而不可止。一直到现在还有丫头

❶ 王衍（256-311）：西晋大臣，著名的清谈家、魏晋名士。

❷ 山涛（205-283）：魏晋名士，"竹林七贤"之一。

❸ 胡适（1891-1962）：现代著名学者、历史学家。因提倡文学改良而成为新文化运动的领袖之一，与陈独秀同为五四运动的核心人物，对中国近代史产生了较为深远的影响。

❹ 嫔媵（pín yìng）：犹嫔妾。

陪嫁的名称，不过现在是丫头，是另外买来的罢了。

　　　　　　　　　——江亢虎《女权问题》—

　　这也是解释同义语的好例子。这种解释法，用在注释和翻译的时候最多。

要件的省略与附加

　　以上是定义的七个要件。本来一个完全的定义，必定完备这七个要件。不过实际上因为事物有简略与繁复的不同，所下的定义，所需要的说明，有时须省略，亦有时须附加的。比方我们解释一个很简单的字义，所需的要件不必定要七个；但有时碰到一个复杂的名词，则又不仅限于这七个要件了。还有在普通谈话所用的，与科学上的讲义等所用的，也有简略与详细的不同。所以只需要简略说明时就应把条件省略，需要详细说明时，就应该附加别种的说明，就是于定义的要件外须附加要件的定义。

> 文学是最好的思想的记录。
> 笔是用来写字绘画的。
> 心理学是研究精神生活之历程的科学。

　　这是只说明该事物的"特色"一要件，而其余都省略的例子。

★　不过实际上因为事物有简略与繁复的不同，所下的定义，所需要的说明，有时须省略，亦有时须附加的。

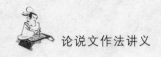

平民主义（democracy）的语源，系由 democ
与 kratia 二语联缀而成。音转而为 democracy。
Democ 意为"人民"（people），cracy 意为"统治"
（rule），故 democracy 一语，可直译为"民治"。但
演进至于今日，此语的意义，已经有了很大的变
动；最初"统治"的意义，久已不复存了。

——李守常❶《平民政治与工人政治》

这是只说明该事物的"语源"和"同义语"两要
件，而其余都省略的例子。

笔有毛笔、钢笔、石笔、铅笔、自来水笔等诸种类。
亚当斯密说富源有三个：就是土地、资本和劳力。
诗歌有抒情诗、叙事诗、剧诗三种。

这是只说明该事物的"分类"一要件，而其余都
省略的例子。

这种省略的说明，应用很广。普通简短的说明文
及谈话都用得着的。

……什么是资？——资是资本，在我国文字
上，本有凭藉、假借的意思，《孝经》❷上说："资
于事父以事母，而爱同；资于事父以事君，而敬
同。"这资字有所假借而有发生其他的作用之意；
所以资本是也应有所发生的。资本发生的东西便是
利；就是资本是要生利的；要是不能生利的，虽然
有金钱，不能算是资本，虽然在普通一般人以为不
生利的也叫它做资本；但在我们总算它不是资本。

❶ 李守常：即李大钊
（1889-1927），中国共产
主义的先驱、无产阶级
革命家、中国共产党的
主要创始人之一。

❷《孝经》：中国古代儒
家的伦理学著作。作
者各说不一，以孔门
后学所作一说较为合
理。清代纪昀在《四
库全书总目》中指出，
该书是孔子"七十子之
徒之遗言"，成书于秦
汉之际。自西汉至魏晋
南北朝，注解者及百
家。现在流行的版本是
唐玄宗李隆基注，宋代
邢昺疏。

什么是产？——产是产业，在字形上说，产字下面是生字，也是应该生利的。我有了土地房屋，如果不去用它，不生利息，在普通讲起来，虽然也看它是产业；但是严格说，以为不是产业，产业是必能生利的。

资产两字合起来，是说动产和不动产，都能够生利的，叫做资产。

普通资产有三种性质：①生利，②保存，③消费。

譬如说我现在很有钱，我将这钱做生意，生起利息来，这是第一种；或是将这钱变作金块，藏在地窖，放在铁柜；或是钱票，放在身边，也不会多起来，也不会缺少去，这是第二种；或是我买吃穿等物，消耗所有，这是第三种。

跟着这三种，我们可以说：①是能多的；②是不变的；③是减少的。我们所说的资产，是指着第一种说。第二种呢，不过是富，是金钱（money）罢了，不能叫做资产。至于房屋土地，倘使不去用它，又不去租它，不去卖它，没使它生利，那么❶日子久了，只有渐渐荒芜颓废，趋于消耗的。——所以不生利，总叫它不是资产。——虽然有时不生利的土地房屋，隔了几年，居然能够涨价，生出利来。但是这另有它故，我将在后来说明，现在我们只认清这个定义"不能生利不是资产"；就是能生利的叫做资产。

资产有许多分类，若房屋、钞票、田地、农作物、工作品、牲口、金银、股票都是。范围是很广的，我此时不过想起来的说着。总之，任便什么东西，能

❶ 那么：原书为"那末"。后同。

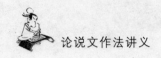

生利的都可说是资产,譬如说这一张桌子,现在放在这个教室里,没有什么生利,自然不是资产;倘是将它移到商店里,拍卖出去,商店赚得了钱,那么这张桌子就生利了。在商店里就可叫它是资产。

资产自身何以不能生利呢?譬如说我将金银埋在地窖里,或是藏在铁柜里,它们自己能够生出利来吗?自然不能像牛能生小牛,羊能生小羊的生出来;或是像种瓜得瓜,种豆得豆的样子。那么金银这等东西不能自生利息,然则何以能算它资产呢?何以能在有的地方生利呢?这其间有一种很紧要的元素❶。这元素便是"劳力"。有了劳力,金银才能生利,才能算做资产;所以资产是金银加了劳力才成的。不但在金银方面如此,田地也是如此。

——江亢虎《资产问题》一

❶ 元素:原书为"原素"。后同。

这一个例子,差不多对于七个要件都应用到了。如说"什么是资?……资本也应有所发生的",是应用第一和第七要件;"资本是要生利的","不能生利的……不能算是资本",是第三要件;"普通资产,有三种性质……","资产有许多分类……"是第四要件;"譬如说我现在很有钱,……","譬如说这一张桌子……"是第五要件,都是。而且因为要解释"资产",更详细地说到"资本""产业"和"生利""保存""消费"等等名词,并附加种种的解释;这可算是一个内容极繁复而解释最详细的定义哩。

内容极繁复的定义，在长篇演讲，或是科学讲义里应用得最多。现在再举一个"家庭"的定义的例子在这里。

……家庭这个名词的界说，可以分普通的讲法和严格的讲法，及广义的界说、狭义的界说。普通的说，有男女性交，同住在一处，并有子女，皆可谓之家庭；虽穴民野处，亦可谓之家庭。严格地来说：

第一，要有固定的配偶。因有固定的配偶这一句话，我想起一句成语来，就是我国相传五伦之辞，有一句是"夫妇有别"。这个"别"字，往往有许多人误解，就是汉学家解诂，亦是错误的。他们以为夫妇有别者，谓男女不通言，不相授受，然而夫妇是同居一处，不能将这个"别"字以此来解说；倘使"别"是这样解说，则安得谓为夫妇？我以为此"别"字是"有分别"的解说。"这个"和"那个"是有分别的，不能混淆的；这个女子的丈夫，同时不能为那个女子的丈夫；这个男子的妻室，同时不能为那个男子的妻室。这就是说男女之间，有婚姻制度，不能彼此交换，像《左传》❶所谓"易内而饮酒"的无理事做出来。所谓家庭就是有"有别"的夫妇，亦就是说有固定的配偶。倘使没有固定的配偶，虽有子女，不得谓之家庭。

第二，要有一定的居处。这是严格的家庭界说所独有。无论其所居之屋为租为借，为自己所有，总要有一定的住所；不能今日那处、明日这里地游移无定所，终年在旅行中，像西洋的极迫色（Gypsy）种。此种人较吾国广东之蜑户❷更为低

❶《左传》：中国古代最早的一部叙事详尽的编年体史书，共三十五卷。《左传》全称《春秋左氏传》，原名《左氏春秋》，汉朝时又名《春秋左氏》《左氏》。汉朝以后才多称《左传》，是为《春秋》做注解的一部史书，与《春秋公羊传》《春秋谷梁传》合称"春秋三传"。《左传》既是一部战略名著，又是一部史学名著。相传是左丘明所著。

❷ 蜑户：即蜑民，又称"蛋户"。古族民，南北朝至隋唐时散居在中国西南各郡县，后分布在广西、广东、福建沿海港湾和内河。世代以船为家，以渔业或水上运输业为主。清雍正后，始有部分移居陆上，改务农业。其后裔已融合为汉族。

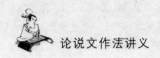

贱，终年起居无定处，东西迁移。

狭义的来说，一夫一妻和未成年的子女——未及嫁娶年龄之子女——无论子女如何众多，似这等总是家庭。这是小家庭制度之家庭。广义的来说，父母、祖父母、兄弟、伯叔，以至同姓同宗的男子，与嫁过来的女子，如此合拢，住在一起，所谓"五世同堂""九世同居"的盛事，蔓延至于成一小村落。这样的家庭，是大家庭的家庭，这是我国所独有，而欧美现时所靡有；欧美之所谓 Family 这个字，对于这样的家庭，便用不着，因为 Family 含义不是如此之广。这个只可称为 Clan——宗族——了。

——江亢虎《家庭问题》—

四　说明文的作法（二）

★ 说明文以使人理解为主旨的，故在语句上必要的条件就是明晰。

前节所说的是关于说明文的怎样去说明的方法，要算是说明文最重要的部分。现在在这节里所要说的是关于说明文的语句及组织等。我们分三部分来说。

语句的明晰

说明文以使人理解为主旨的，故在语句上必要的条件就是明晰。暧昧的不明了的，或是过于艰深的语句，在说明文里，不但使人费解难懂，而且失掉说明的效力。这是最应避忌的。

所谓语句的明晰，实在说，就是适应读者。我们或是解释一件事物，或是演讲一个原理，或是编著一本科学教科书，所用的语句对于读者（或听讲者）的知识程度，以及心理的要求等必十分地适应，然后才能收得效果的。如果我们对一班小学生去演讲关于哲学科学上的高深的理论，或是对一班大学生去演讲那种普遍的平常的道理，那就不能算适应，我们收得的效果，一定是很微很微的了。所以选择适应于读者（或听者）的知识程度以及心理的要求等明晰的语句，在说明文里实在是必要的。

段落的顺序

说明文的七要件，我们在前文已详细说过了。究竟在一篇说明文里对于那些要件要怎样地排列，怎样地组织才算适当呢？这有两种方法：一是顺着自然的次序，如前节说的七要件从第一项"语源"到第七项"类似语和同义语"这一样排列；一是依着说明时需要（适应读者的程度心理或是题材的深浅）把那七要件的次序倒置过来，如把第一项移在末尾，以第二项"种类"为第一项按次排列下去，（可参陈望道❶《作文法讲义》七五页至八〇页）这样也是可以的。丏尊❷在

❶ 陈望道（1891–1977）：现代教育家、修辞学家、语言学家，他翻译了中国第一篇《共产党宣言》，担任过《辞海》主编，撰写了《漫谈"马氏文通"》和《修辞学发凡》等专著。

❷ 丏尊：即夏丏尊（1886–1946），现代语文学家，著有《平屋杂文》《文章作法》《阅读与写作》，译有《爱的教育》《文心》《近代日本小说集》。

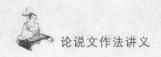

他的《作文法讲义》里用"文学"一词，举了这样的一个例子：

文学是一种艺术，①换句话说，就是以文字做成的艺，纯粹的文学，通常不以实用为目的。①因体裁上有小说、诗歌、戏曲等分别。③《红楼梦》是小说，《长恨歌》是诗歌，《烂柯山》是戏曲。④文学不是普通的文字，也不是科学。⑤韩愈的《原道》，王船山❶的《读通鉴论》❷等，不是文学；物理学讲义、化学教科书等，也不是文学。⑥我国古来，凡是文字都称文学，但是现在的所谓文学，完全是小说、诗歌、戏曲的总，和从前的意义是不同的。⑦这个定义，依它的原注，是这样一个次序：①是种类，②是特色，③是分类，④是举例，⑤是对称，⑥是疑似，⑦是语义限定。它的⑤⑥两项原是合在一起的，我把来分开注释了；它所谓疑似就是我们这讲义里的类似，它所谓语义限定，就是我们这里第一项语源和语的历史。依照七要件说来，还缺少同义语的说明，如果在前面加添一句"文学英文叫做 literature"对于七要件的次序可算排列得最整齐，而最有系统的了。

以上所说的，还是限于简短的说明文，至于长篇的演讲，或是教科书等则因为内容繁复，概念加多，所以段落的顺序又是一种的组织。如江亢虎所讲《家庭问题》一题目（江亢虎《演讲录》）的段落是：

❶ 王船山：即王夫之（1619-1692），明末清初的思想家、经学家、史学家和文学家。字而农，号薑斋，湖南衡阳人，晚年隐居衡阳石船山，学者尊称其为船山先生。

❷ 《读通鉴论》：王夫之毕其一生心血，从69岁开始动笔写作，在其逝世前才完成的一部史论。借引司马光《资治通鉴》所载史实系统地评论自秦至五代之间漫长的封建社会历史，分析历代成败兴亡、盛衰得失，臧否人物，总结经验，引古鉴今，探求历史发展进化规律，寻求汉族复兴的大道。

家庭问题一

  1. 家庭之界说与其种类

  2. 家庭之起源

  3. 宗法社会之文明

家庭问题二

  1. 大家庭制度及其条件

  2. 小家庭制度及其条件

家庭问题三

  1. 无家庭主义及其条件

  2. 限制生产问题

  3. 儿童公育问题

  4. 家庭问题平论

这样的顺序，这样的组织，便极其繁复了。这种文章的落段，大体说来，也是应用七个要件的顺序的。（如第一大段里的三小节可说是"特色""种类""语源"……第二大段里是"分类"和"举例"……）不过一方面因为内容太繁复，定义中又有定义，对于七要件重复地应用起来，便觉得分别不清；另一方面，便是因为这种文章的说明的方法，多半是由简单写到详细，由浅显写到浓密，由"是什么"写到"怎样"，包含的范围既然扩大，所以段落也就因之繁复了。

说明与图表

说明文里的语句和组织已经说过了。现在再说到

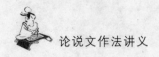

图表。图表在说明文里，不属于语句方面，也不专属于组织方面，但和语句组织均有密切的关系。因为一篇说明文里面所含的意义，有在语句方面不能十分详细达出来的，一用图或表，便能晓然了。我们现在分开说在下面：

图，多半是应用在教科书讲义里面的。我们在一部物理学教科书，或是一部植物学动物学讲义里面，总能找着许多实物的图画的，这是什么缘故呢，就是因为图画能帮助我们说明该事物的真相。比方我们要说明叶在茎上的布置法，我们说明有怎样一种形状的叫做互生叶，有怎样一种形状的叫做对生叶，有怎样一种形状的叫做交生叶，或是轮生叶，总不如把各种叶子的图画画出来来得明显正确。这是图的功用呀！

图，多用来说明实物，这种例子在各种教科书和讲义里实在举不胜举。说明抽象的意义的，多半是用表。这类的例子可以举几个在这里。

> ★ 一篇说明文里面所含的意义，有在语句方面不能十分详细达出来的，一用图或表，便能晓然了。

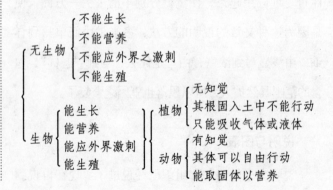

　　这是说明生物与无生物，和植物与动物的特色的一个表。生物与无生物，动物与植物的分别本至明显，但我们看了这个表便觉更加清晰了。又如：

抽象科学	具体科学			
	总括的	类别的	合并的	应用的
（最高的）形而上学	（五）社会学	人种学制度之研究	人类史学	政治学 公民学 经济学
论理学	（四）心理学	审美学 言语学 心理物理学		伦理学 教育学
统计学	推原论 生理学 形态学 世系学 〕（三）生物学	动物学 植物学 动物介物学	人类学 生物界通史	善种学 医学 林学
（基本的）数学	（二）物理学	天文学 测地学 气象学	地球通史 地质学 地理学	航海学 机械学 建筑学
	（一）化学	分光学 立体化学 矿物学	海洋学 太阳系通史	农学 冶金学 采矿学

　　这是一个说明科学的分类的表。（殷佩斯《科学之分类》见《学生》十卷八号）

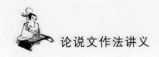
❶ 的：原书为"地"。后同。

❷ 周建人（1888-1984）：鲁迅的三弟，现代著名社会活动家、生物学家。著作有《生物学》《植物学》《论优生学与种族歧视》《花鸟鱼虫及其他》《略讲关于鲁迅的事情》《鲁迅回忆录》等。

相密切的关系。真的❶，我们看了第三图，对于体育目的与健身、智育、德育、美育等相互的关系，完全地了解了。

总之，图表的功用，在说明文里，非常的大，我们不可忽视的。

五　说明文的种类及范例

说明文的种类，依所解释的材料不同，可分为三种：一是说明物体的，二是说明事端的，三是说明意象的。所以说明文的范例，也可以依着这三种的分类举几篇在下面。

说明物体的，是关于自然界或人间的种种实物的说明。这类的例子甚多，如各种实物的教科书都是，读者可自去参考，这里便不再举了。

说明事端的，是关于人与人或人与自然所发生的种种事实的说明。如各种的历史教科书里面的说明的部分，以及其他各种事端的解释，都属于这一类。现在举《中国旧家庭制度的变动》（周建人❷）、《由经济上解释中国近代思想变动的原因》（李大钊）、《西方文化及于中国之影响》（江亢虎）这三篇附在后面作为

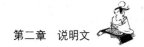

范例。

　　说明意象的是关于各种抽象的意义的说明。现在举《平民的文学》（周作人）、《谈新文化运动》（望道）这两篇附在后面作为范例。

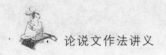

◎ 说明文的范例

中国旧家庭制度的变动

周建人

中国的旧家庭制度，是君主专制政治的雏形，与自来君主专制的政体非常的相合，所以各能保住他们的巩固。其中有一个蔑视个性的道德律，来做极有力的维系。这种道德律上的教训，便是说：儿子的第一事是孝；妻的第一事是贞、是节，等等；都与人民必须忠君，忠臣不事二君的教训相符合。而且此外更有一种信仰，相信人民的头上，还有一重有意志的天，这天却极轻躁易怒，动不动便要震怒，一怒便要降罚。为旧道德所不许的，便要触动天怒，所以这种观念是维持旧道德律，使人视为天经地义，和教人绝对服从，不起怀疑的极有力的条件。这种观念，这种蔑视个人的道德律，和一体相属的家庭制度，一直保存到今日；然而到了今日，却渐渐有破裂的倾向了。

这君主式的旧家庭制度中，除却这种神秘观念和蔑视个性的道德律以外，更有起于很自然的家庭宗教便是崇拜祖先。人类本含有畏惧强力和崇拜英雄的心理，这便是从古代母系制度转变为父系制度的一个枢纽。祖先崇拜的宗教，便很容易由此逐渐发生。其中重要的精神，便是相信灵魂不死；祖先在千百年后，还能庇荫❶子孙；子孙须得祖先的庇荫，才得昌盛，才得安享荣华；小而至于出家回乡，也须告知祖先，求祖先的庇荫。（此等迷信，近来虽

❶ 庇荫（bì yìn）：包庇；庇护。提供财力、物力或势力以保护后代子孙。

已稍差，但仪式却依旧存在。）甚至于子孙做人，也全为祖先，不为自身；子孙得意，便算光耀祖宗，失意便算辱没门风。

祖先崇拜的族中，家长具有极大的势力，是执行祖先的意志的人，不能有所违抗。中国通常的族制，大抵家长之下，包含着许多家属；凡共一宗祠的各族，均在这家长之下；若在一家，便以长年的男子，如父或祖父为主，统率以下的子孙。中间更有房长，承接于一家之主与家长之间。这样家长制度的团结力，除祖先崇拜的精神之外，又有经济上的维系。往往历代祖先，均有公共祭产一类的产业，为派下的子孙所公有，这也是使各房得时常聚会，固结不解的一个原因。

祖先崇拜的家庭，更有一个特点，便是重视后嗣❶，以没有后嗣为罪恶；即使本人并无必要后嗣的要求，而族中公意，也不能任其没有嗣续，照例须由近房子孙过继，承接祭祀；在所谓门第人家，尤须保守宗族的纯洁，不得收养外姓的孩子为嗣；倘有这种举动，便称为"乱宗"，要激起同族的公愤的。因为重视后嗣，所以族中也承认无嗣的男子可以重婚。在妻子虽在，多年不能生育；或因多病，眼见得不能生育，可以另行娶妻，与前妻并行，不分上下。买妾则已有子的尚且不禁，若无子而买妾，更不必说了。有时也许可只有女儿的房分，没有男儿，可以招外姓的男子入赘❷，顶立祭祀；但这种办法，为许多家禁严密的人家所不许。买妾的事，家族虽不禁止，然而妻妾的名分极严，俨然有主奴的阶级。凡妾皆不得与闻祭祀，其实只是奴婢的变相，可知置妾的习惯，并不因为重视嗣续

❶ 后嗣（sì）：指后代子孙。

❷ 入赘（zhuì）：指的是男方到女方家里落户，俗称"倒插门"。

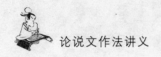

而发生的了。

此等家长制度下的结婚情形，很可以研究。女子在父家的时候，须恪守"子道"；既嫁之后，则须恪守"妇道"；所以在此时代的女子的地位，只须看了"在家从父，出家从夫"的话，便可知道。婚姻的事，只要从"在家从父"的一句话中，可以知道是不许自主了。

因于家长制度之下的婚姻制度，最为固定；主权全在父母，本人自主的称为"私订"，减失父母的权势，社会上也免不得因此责备父母的家教不严，父母便引以为耻辱的事；所以子女的婚姻，转成了父母的责任，不容不为代谋，本人却完全不负责任。一面却也不许违拗，若自己参与，反以为羞。贫苦人家出卖儿女，近来还当作极平常的事，男女的地位，可想而知。

在普通的观念上，婚姻的成立，不但是父母的意志，实是"天作之合"，后半生的事，善善恶恶从此规定。女子既嫁，便脱离了母家的一切信仰习惯，"归化"夫家的一切习俗。从来法律上，没有什么婚姻的条件，社会上所行的便是法律，便为法律所承认；如婚约已成之后，倘一方面有意抵赖，即可向官厅请求追究，官厅便认房族长主名的婚约为有效。

中国虽盛行蓄妾的风气，但在家族上却很有保存一夫一妇的情形；除却一子兼祧❶，可另娶一妻，或他种特别原因，也有重娶之外，妾在家族上，地位极不平等，宛如俘虏奴隶；不但男子自己可以售卖，便是他人：如男子的本妻，父母等，也都有出妾的权力。

此等制度之下，离婚非常少见，意气不投，算是极小

❶ 兼祧（tiāo）：在封建宗法制度下，一个男子同时继承两家宗祧的习俗。兼祧人不脱离原来家庭的裔系，兼做所继承家庭的嗣子。

40

的事；而且严密说来，道德上实不许意气不投，因为结婚是父母的意志，若起憎恶，即违犯了父母的志趣，便是过失。在蓄妾制度风行之下，男子犯奸，不为罪恶，所以当旧家庭制度没有破裂的倾向以前，女子几乎没有条件，可以向夫家提出离异，除非夫家认定女子有"污辱门风"以及"侮辱尊长"的行为，及不能谨守教训等罪名，则可向女家交涉离异，交与母家领回；所以此等办法，按实际言，虽称离婚，实是驱逐。

而且主张离异的人，每每并非男子本身，却是男子的父母。中国的离婚事件，虽无统计，但据平日见闻，男子自己决心提出的，实在少有；这原因，大约便因为一方面要合于父母的意志，一方面是别人代谋的婚姻，仿佛减轻了责任似的，所以男子也没有定要提出的决心了。只在工人和农人，妻子有放荡不能持家的，则也有将人退还女家，或卖给别人的事。

总之，中国的婚姻，即由父母作主，作成之后，终身便告结束。女子嫁后的生活，则是尽力于侍奉❶公姑，操作家务，养育儿女等事；除此之外，更不许发生他种思想，所以往昔的家庭，若不论个人的精神上的苦痛，单从社会方面看来，实似乎最为稳固。

然而如此巩固的家庭，为什么到了今日之下，也起破裂的现象呢？这原因自然很为复杂，然大要却不外乎经济、政治，和观念上的变迁这几个原因。

很重要的原因，是去掉了经济上的维系。中国的旧家庭制度，只适宜于孤独隔离，而不适于交往过繁，过繁便失其稳固，近来的社会生活程度，渐渐增高起来，由闭

❶ 侍奉：侍候奉养（长辈或显贵）。

锁在家庭中得来的一点旧式教育，缺乏生活的能力；大家族的子弟，又大抵无一定职业，所以有渐渐陷于艰苦的倾向，于是许多大族，便将公产分析，族中的房分，先失了经济上的牵连关系。一方面又因为生活困难，谋生渐觉辛苦，或者奔走四方，不复如先前一样有多余的闲暇，能从容办家庭宗教的仪式等事，族中便减小了聚会的机会，彼此相见较疏，家庭长辈也就顿时减少了统驭的势力，所以许多家属相连系的大族，渐渐分散，渐渐成为较小的家庭。

其次的原因，是因为政治上的改变。从甲午以后，渐渐知道旧式教育的不足恃，提倡兴办学校，于是将从前在家庭间的教育，推向社会上去；青年的见闻及交际，因此推广开去，渐觉得旧家庭制度之中的生活，狭窄枯燥，对于旧家庭，起了不满意的感觉，而发生了谋新的生活的要求。

更有一种重要的原因，便是观念的改变，兴办学校以后，便造成欧美文化输入中国的机会，展开了人的眼光，觉得中国家庭的制度，不是独一无二的组织；中国的家庭，还是一种古罗马一般的旧制，于是渐渐起了怀疑。到改称民国以后，国体上的制度，有怎样变化，且不必论；但觉得古代承袭❶下来的君臣父子等教训，起了变动，将整个的旧道德律崩去了一角，其余的也便不稳固起来。怀疑本是破坏旧制度的动机，一至观念起了变动，那便要发现于行为了。而且不论什么社会上的习惯和行为，都非常容易传染；例如古代罗马的家庭，本很与中国的家庭相似，而且非常稳固；然而一到希腊的旧家庭制度起了破

❶ 承袭：承继；沿袭。

裂，便传染到罗马，登时发生离婚事件，而且增多起来，家庭便渐渐起了变迁。所以中国旧家庭制度发生破裂的来源，一部分也很受他国的影响。到了今日，中国的旧家庭制度，其实也只有分裂的倾向罢了；大部分尚在那里极力保持，但虽然保持，变更的倾向，总只有增加。这便因为观念有了变动，有人将思想注意到人生问题上去，于是发生了觉悟，不觉悟倒❶还安稳，一旦有了觉悟，便发生了痛苦。精神上的苦痛，恐怕要算人生最难忍受的事，所以常常想极力地挣扎，这种苦痛生出来的反动，便是旧家庭制度趋向破裂的极有力的动力。

这种观念的改变，既然多半由于政体的改变和欧美文化的影响，所以这影响自然先及于交际较为广阔和读书力较强的人；于破裂倾向也便先发现于这等人。务农作工的人家，却还没有受着什么影响，还是"世承父业"的代代相传下去。许多农家的生活，还在所谓"老死不相往来"的状态。而且他们的家庭，不但是农场，又兼是工场，制作而且纺织，几乎衣食等必要品，都出于一家之中。他们的生活既简单，交通又极稀少，又随着季候，时时改变他们的操作，匆匆忙地终年过去，所以倒反能固定他们的改变了。

旧家庭制度要破裂的表征，最重要的便是离婚的加多。一个家庭中所含的主要成分，只是夫妇及亲子；所以研究结婚和离婚，不但在家庭研究最占重要，便是研究社会组织上也极要紧。近年来中国的家庭，不但男家有离异女子的事，而且女子也有提出离异的了，这便是一个极大的征兆。

❶ 倒：原书为"到"。后同。

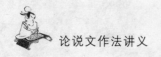

中国自改称民国以来，结婚的事，则依旧由家庭自家去办。法律没有什么干涉，只有离婚条件，却极严紧，大概非男子背弃另娶，女子另自有人等，不能轻易离异。执法的人，又大半主张调和，故每一个新的高等审判厅长到任，常见报章上便载有通饬❶所属各县的文章，有务须慎重离婚案件的话。法律本是守旧的东西，况且他们又以为离婚是一种"颓风"，非极行挽救不可，所以愈限愈严。这种观念的起点，原因也很复杂，其一便因为法院所收离婚案中，大抵女子提出的案件为多。从前女子向男家提出离异，虽然极难，但如得男家的许可，偿还聘金等类，偶然也可办成；只是大抵私人交涉，不会经过公厅的手续，近来始有正式向法院提出罢了。女子的出嫁，既等于归化夫家，所以夫家摈弃女子，自然比女子求脱离夫家较为容易。现在夫家主动的依旧多属私自交涉，而在女家主动的，为防男家将来纠缠，断绝牵连起见，不能不借重法庭的判决，所以法院中只见这类案件的增多，以为"世风日下"了。

离婚案的增多，对于将来改造新家庭而言，这是原因，若对于观念，经济状况，及政治变迁的改变而言，却已是效果了。此外更有与此相同，可以互为因果的事，便是近来青年的求脱离家庭束缚而自立的倾向，这潮流，近日愈加急迫起来了。

现在的旧制度虽然已经渐渐破裂，而新的制度，却还无头绪。在社会上的改造，造新式的制度不能不用由旧制度破裂下来的材料，因为制度不能像一件衣服，一面可以预先做好新的，待新的完全做好之后，才把旧的脱下，换

❶ 通饬（chì）：犹通令，把同一命令发往各地。

上新的。必须将旧的渐渐熔去，再铸新的。在这旧的要熔新的未铸的时候，自然中间总有一番蒸腾。这蒸腾，便是现在的旧家庭的恐慌和新青年的烦闷。

——《妇女杂志》❶

由经济上解释中国近代思想变动的原因

李大钊

凡一时代，经济上若发生了变动，思想上也必发生变动。换句话说，就是经济的变动，是思想变动的重要原因。现在只把中国现代思想变动的原因，由经济上解释解释。

人类生活的开幕，实以欧罗细亚为演奏的舞台。欧罗细亚，就是欧亚两大陆的总称，在欧罗细亚的中央，有一凸地，叫做 tableland：此地的山脉，不是南北纵延的，乃是东西横亘❷的。因为东西横亘的山脉南北交通，遂以阻隔；人类祖先的分布移动，遂分为南道和北道两条进路；人类的文明，遂分为南道文明——东洋文明——和北道文明——西洋文明——两大系统：中国本部、日本、印度支那、马来半岛诸国、俾露麻、印度、阿富汗尼士坦、俾而齐士坦、波斯、土耳其、埃及等是南道文明的要路；蒙古、满洲、西伯利亚、俄罗斯、德意志、荷兰、比利时、丹麦、士坎迭拿维亚❸、英吉利、法兰西、瑞士、西班牙、葡萄牙、意大利、奥士地利亚、巴尔干半岛等，是北道文明的要路。南道的民族，因为太阳的恩惠厚，自然

❶《妇女杂志》：创刊于 1915 年，因一·二八事变中商务印书馆遭日寇焚毁而休刊，前后共 17 卷 204 期。登载图文计有 10 480 则。其中图片 1 200 则。1928 年到 1930 年间，本杂志也称《妇女》杂志。

❷ 横亘（héng gèn）：绵延横陈；横跨。

❸ 士坎迭拿维亚：今译斯堪的纳维亚，又译斯堪地那维亚，在地理上是指斯堪的纳维亚半岛，包括挪威和瑞典，文化与政治上则包含丹麦。这些国家互相视对方属于斯堪的纳维亚，虽然政治上彼此独立，但共同的称谓显示了其文化和历史有深厚的渊源。

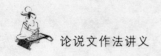

的供给丰，故以农业为本位而为定住的；北道的民族，因太阳的恩惠薄，自然的供给啬，故以工商为本位而为移住的。农业本位的民族，因为常定住于一处，所以家族繁衍，而成大家族制度——家族主义；工商本位的民族，因为常转移于各地，所以家族简单，而成小家族制度——个人主义。前者因聚族而居，易有妇女过庶的倾向，所以成重男轻女一夫多妻的风俗；后者因转徙❶无定，恒有妇女缺乏的忧虑，所以成尊重妇女一夫一妻的习惯。前者因为富于自然，所以与自然调和，与同类调和；后者因为乏于自然，所以与自然竞争，与同类竞争。简单一句话，东洋文明，是静的文明；西洋文明，是动的文明。

中国以农业立国，在东洋诸农业本位国中，占很重要的位置，所以大家族制度，在中国特别发达。原来家族团体，一面是血统的结合，一面又是经济的结合。在古代原人社会经济上男女分业互助的要求，恐怕比性欲要求强些，所以家庭团体所含经济的结合之性质，恐怕比血统的结合之性质多些。中国的大家族制度，就是中国的农业经济组织，就是中国二千年来社会的基础构造。一切政治、法度、伦理、道德、学术、思想、风俗、习惯都建筑在大家族制度上作它的表层构造。看那二千余年来支配中国人精神上孔门伦理！所谓纲常❷，所谓名教，所谓道德，所谓礼义，哪一样不是损卑下以奉尊长？哪一样不是牺牲被治者的个性以事治者？哪一样不是本着大家族制下子弟对于亲长的精神？所以孔子的政治哲学，修身齐家治国平天下，"一以贯之"，全是"以修身为本"：又是孔子所谓修身，不是使人完成他的个性，乃是使人牺牲他的个性。牺

❶ 转徙：辗转迁移。

❷ 纲常：即三纲五常的简称。封建时代以君为臣纲，父为子纲、夫为妻纲为三纲，仁、义、礼、智、信为五常。

牲个性的第一步，就是尽"孝"。君臣关系的"忠"，完全是父子关系的"孝"的放大体，因为君主专制制度，完全是父权中心的大家族制度的发达体。至于夫妇关系，更把女性完全没却，女子要守贞操，而男子可以多妻蓄妾；女子要从一而终，而男子可以细故出妻；女子要为已死的丈夫守节，而男子可以再娶；就是亲子关系的"孝"，母的一方还不能完全享受，因为伊是隶属于父权之下的；所以女德重"三从"❶，"在家从父，出嫁从夫，夫死从子"。总观孔门的伦理道德，于君臣关系，只用一个"忠"字，使臣的一方完全牺牲于君；于父子关系，只用一个"孝"字，使子的一方完全牺牲于父；于夫妇关系，只用几个"顺""从""贞节"的名词❷，使妻的一方完全牺牲于夫，女子一方完全牺牲于男子。孔门的伦理，是使子弟完全牺牲他自己以奉其尊长的伦理；孔门的道德，是与治者以绝对的权力责被治者以片面的义务的道德；孔子的学说所以能支配中国人心有二千余年的缘故❸，不是他的学说本身具有绝大的权威永久不变的真理配做中国人的"万世师表"❹，因它是适应中国二千余年来未曾变动的农业经济组织反映出来的产物，因它是中国大家族制度上的表层构造，因为经济上有它的基础。这样相沿下来，中国的学术、思想，都与那静沉沉的农村生活相照映，停滞在静止的状态中，呈现出一种死寂的现象。不但中国，就是日本、高丽、越南等国，因为它们的农业经济组织和中国大体相似，也受了孔门伦理的影响不少。

　　时代变了！西洋动的文明打进来了，西洋的工业经济来压迫东洋的农业经济了！孔门伦理的基础就根本动摇

❶ 三从：中国古代女子的生活行为规范：未嫁人之前必须遵从父亲的安排，嫁人之后服从丈夫的意愿，丈夫死后听从长子的意思。

❷ 词：原书为"辞"。后同。

❸ 缘故：原书为"原故"。后同。

❹ 万世师表：值得永远学习的榜样。出自《论语·颜渊》。万世，很多世代，非常久远。师表，表率。

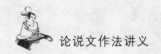

了！因为西洋文明是建立在工商经济上的构造，具有一种动的精神，常求以人为克制自然，时时进步，时时创造。到了近世，科学日见昌明，机械发明的结果，促起了工业革命。交通机关日益发达，产业规模日益宏大，他们一方不能不扩张市场，一方不能不搜求原料，这种经济上的需要，驱着西洋的商人，来叩东洋沉静的大门。一六三五年顷已竟有荷兰的商人到了日本以后，Perry, Harris 与 Lord Elgin，诸人相继东来，以其商业上的使命，开拓东洋的门径，而日本，而中国，东洋农业本位的各国，都受了西洋工业经济的压迫。日本国小地薄，人口又多，担不住这种压迫，首先起了变动，促成明治维新，采用了西洋的物质文明，产业上起了革命——如今还正在革命中——由农业国一变而为工业国，不但可以自保，近来且有与欧美各国并驾齐驱的势力了。日本的农业经济组织，既经有了变动；欧洲的文明、思想又随着它的经济势力以俱来；思想界也就起了绝大的变动。近来 democracy 的声音，震荡全国，日本人夸为"国粹"之万世一系的皇统，也有动摇的势子；从前由中国传入的孔子伦理，现在全失了效力了。

中国地大物博，农业经济的基础较深，虽然受了西洋工业经济的压迫，经济上的变动，却不能骤然表现出来。但中国人于有意无意间也似乎了解这工商经济的势力加于中国人生活上的压迫实是利害，所以极端仇视他们排斥他们；不但排斥他们的人，并且排斥他们的器物。但看东西交通的初期，中国只是拒绝和他们通商，说他们科学上的发明是"奇技淫巧"❶，痛恨他们造的铁轨把它投弃海

❶ 奇技淫巧：指过于奇巧而无益的技艺与制品。奇，奇异。淫，过分，极端。

中；义和团❶虽发于仇教的心理，而于西洋人的一切器物一概烧毁，这都含着经济上的意味，都有几分是工业经济压迫的反动；不全是政治上、宗教上、人种上、文化上的冲突。

欧洲各国的资本制度一天盛似一天，中国所受他们经济上的压迫也就一天甚似一天。中国虽用政治上的势力抗拒过几回，结果都是败辱。把全国沿海的重要通商口岸，都租借给人，割让给人了，关税铁路等等权力，也都归了人家的掌握。这时的日本崛然兴起，资本制度发达的结果，不但西洋的经济力不能侵入，且要把它的势力横张到别国。但日本以新兴的工业国，骤起而与西洋各国为敌，终是不可能；中国是它的近邻，产物又极丰富，它的势力，自然也要压到中国上。中国既受西洋各国和近邻日本二重压迫，经济上发生的现象，就是过庶人口不能自由移动，海外华侨，到处受人排斥虐待，国内居民的生活本据，渐为外人所侵入——台湾、满蒙、山东、福建等尤甚——关税权为条约所束缚，适成一种"反保护制"，外来的货物，和出口的原料，课税极轻，而内地的货物，反不能自由移转，这里一厘，那里一卡，几乎步步都是关税。于是国内出产的原料品，以极低的税输出国外，而在国外造成的精制品，以极低的税输入国内。国内的工业，都是手工业和家庭工业，哪能和外国的机械工业、工厂工业竞争呢？结果就是中国的农业经济挡不住国外的工业经济的压迫，中国的家庭产业挡不住国外的工厂产业的压迫，中国的手工产业挡不住国外的机械产业的压迫，国内的产业多被压倒，输入超过输出，全国民渐渐变成世界的

❶ 义和团：又称义和拳。其领导的义和团运动又称"庚子事变"，是19世纪末中国发生的一场以"扶清灭洋"为口号的反对帝国主义的运动。义和团运动，起到了一定的打击帝国主义列强的作用，一定程度上促进了中国人民群众的觉醒。但是由于具有笼统排外等色彩，人们对其也有一些负面评价。

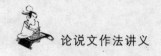

无产阶级，一切生活，都露出困迫不安的现象。在一国的资本制下被压迫而生社会的无产阶级，还有机会用资本家的生产机关；在世界的资本制下被压迫而生世界的无产阶级，没有机会用资本国的生产机关。在国内的就为兵为匪，跑到外国的，就做穷苦的华工，辗转①迁徙，贱卖他的筋力，又受人家劳动阶级的疾视。欧战期内，一时赴法赴俄的华工人数甚众，战后又用不着他们了，他们只得转回故土。这就是世界的资产阶级压迫世界的无产阶级的现象，这就是世界的无产阶级寻不着工作的现象。

① 辗转：原书为"展转"。后同。

欧美各国的经济变动，都是由于内部自然的发展；中国的经济变动，乃是由于外力压迫的结果，所以中国人所受的苦痛更多，牺牲更大。

中国的农业经济，既因受了重大的压迫而生动摇，那么首先崩颓粉碎的，就是大家族制度了。中国的一切风俗礼教政法伦理，都以大家族制度为基础，而以孔子主义为其全结晶体。大家族制度既入了崩颓粉碎的命运，孔子主义，也不能不跟着崩颓粉碎了。

试看中国今日种种思潮运动、解放运动，哪一样不是打破大家族制度的运动？哪一样不是打破孔子主义的运动？

第一政治上民主主义 democracy 的运动，乃是推翻父权的君主专制政治之运动，也就是推翻孔子的忠君主义之运动。这个运动，形式上已算有了一部分的成功。联治主义和自治主义，也都是民主主义精神的表现，是打破随着君主专制发生的中央集权制的运动。这种运动的发动，一方因为经济上受了外来的压迫，国民的生活，极感不安；

因而归咎于政治的不良，政治当局的无能，而力谋改造。一方因为欧美各国 democracy 的思潮随着经济的势力传入东方，政治思想上也起了一种影响。

　　第二社会上种种解放的运动，是打破大家族制度的运动，是打破父权（家长）专制的运动，是打破夫权（家长）专制的运动，是打破男子专制社会的运动，也就是推翻孔子的孝父主义、顺夫主义、贱女主义的运动。如家庭问题中的亲子关系问题、短丧问题，社会问题中的私生子问题、儿童公育问题，妇女问题中的贞操问题、节烈问题、女子教育问题、女子职业问题、女子参政问题、法律上男女权利平等问题（如承继遗产权利问题等），婚姻问题，——自由结婚、离婚、再婚、一夫一妻制，乃至自由恋爱婚姻废止，——都是属于这一类的，都是从前大家族制下断断不许发生，现在断断不能不发生的问题。原来中国的社会，只是一群家族的集团，个人的个性、权利、自由，都束缚禁锢❶在家族之中，断不许它有表现的机会。所以从前的中国，可以说是没有国家，没有个人，只有家族的社会。现在因为经济上的压迫，大家族制的本身，已竟不能维持。而随着新经济势力输入的自由主义、个性主义，又复冲入家庭的领土，它的崩颓破灭，也是不可逃避的运数。不但子弟向亲长要求解放，便是亲长也渐要解放子弟了；不但妇女向男子要求解放，便是男子也渐要解放妇女了；因为经济上困难的结果，家长也要为减轻他自己的负担，听他们去自由活动，自立生活了。从前农业经济时代，把他们包容在一个大家族里，于经济上很有益处；现在不但无益，抑且视为重累了。至于妇女，因为近代工

❶ 禁锢：封闭；束缚限制。

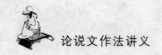

① 她：原书为"他"。后同。

② 出自《孟子·滕文公上》，意为"没有（做官的）君子，就没有人来治理农夫；没有农夫，就没有人来供养君子"。

③ 出自《孟子·滕文公上》，意为"脑力劳动者统治人，体力劳动者被人统治"。

业进步的结果，添出了许多宜于妇女的工作，也是助她①们解放运动的一个原因。

欧洲中世，也曾经过大家族制度的阶级，后来因为国家主义和基督教的势力勃兴，受了痛切的打击；又加上经济情形发生变动，工商勃兴，分业及交通机关发达的结果，大家族制度，遂立就瓦解。新起的小家族制度，其中只包含一夫一妻及未成年的子女，如今因为产业进步，妇女劳动，儿童公育，种种关系，崩解的气运，将来也必然不远了。

中国的劳动运动，也是打破孔子阶级主义的运动。孔派的学说，对于劳动阶级，总是把他们放在被治者的地位，作治者阶级的牺牲。"无君子莫治野人，无野人莫养君子②。""劳心者治人，劳力者治于人③。"这些话，可以代表孔门贱视劳工的心理。现代的经济组织，促起劳工阶级的自觉，应合社会的新要求，就发生了"劳工神圣"的新伦理，这也是新经济组织上必然发生的构造。

总结以上的论点：第一，我们可以晓得孔子主义（就是中国人所谓纲常名教）并不是永久不变的真理。孔子或其他古人，只是一代哲人，决不是"万世师表"。他的学说，所以能在中国行了二千余年，全是因为中国的农业经济，没有很大的变动，他的学说适宜于那样经济状况的缘故。现在经济上生了变动，他的学说，就根本动摇，因为他不能适应中国现代的生活，现代的社会。就有几个尊孔的信徒，天天到曲阜去巡礼，天天戴上洪宪衣冠去祭孔，到处建筑孔教堂，到处传布"子曰"的福音，也断断不能抵住经济变动的势力来维持他那"万世师表""至圣先师"的威灵了。第二，我们可以晓得中国的纲常、名教、伦理、道德都是建立在大家族制上的东西。中国思想的变动，就是家族制度崩坏的征候。第三，我们可以晓得中国今日在世界经济上，实立于将为世界的无产阶级的地位。我们应该研究如何使世界的生产手段和生产机关同中国劳工发生的关系。第四，我们可以正告那些钳制新思想的人，你们若是能够把现代的世界经济关系完全打破，再复古代闭关自守的生活；把欧洲的物质文明，动的文明，完全消除，再复古代静止的生活；新思想自然不会发生。你们若是无奈何这新经济势力，那么只有听新思想自由流行；因为新思想是应经济的新状态社会的新要求发生的，不是几个青年凭空造出来的。

——《新青年》❶

西方文化及于中国之影响

江亢虎

……讲到西方文化，比较起我们中国的文化，实在是有迟早的不同。西方古来的文化，大部分比较得发达的算迟；在我们衣文绣、陈俎豆❷的时代，他们一大部分的西洋人，还是正在那里茹毛饮血❸，和野人生番差不多。但是西方文化发生，虽然比较得迟些；而它的进步，可是又异常迅速，这是人人都晓得的。其最大原因，就在科学发明，物质增进上。我以为世界上一种文化，要输入一个固有文化的国家，势必须要经过不可避免的五个时期。这五

❶《新青年》：综合性月刊，"五四"时期倡导新文化运动、传播马克思主义的重要刊物。1915年9月创刊于上海，由陈独秀主编。第一卷名《青年杂志》，第二卷起改名为《新青年》。1916年底迁至北京。从1918年1月起，李大钊等参加编辑工作。1922年休刊，共出九卷，每卷六期。鲁迅在"五四"时期同该刊有密切联系，是它的重要撰稿人，曾参加该刊编辑会议。

❷俎豆（zǔ dòu）：典故名，典出《论语·卫灵公》。俎和豆，古代祭祀、宴飨时盛食物用的两种礼器，亦泛指各种礼器。后引申为祭祀和崇奉之意。

❸茹毛饮血：用来描绘原始人不会用火，连毛带血地生吃禽兽的生活。指处在没有开化的状态。茹，吃。

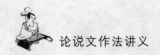

个时期，虽有时不甚明了，或是长短参差，前后反复；但仿佛蛛丝马迹，隐隐有迹象可以寻觅；西方文化，对于中国也是如此。哪五个时期呢？

（1）疑忌时期。这不独中国对于西方文化才输入的时候是如此的；任便是哪一国对与新输入的文化都是如此。因为一种文化和别种文化，根本上既划然不同；自然是无论表面上或精神上，处处都是一定不能相同的了。在受旧文化深的人，种种旧文化上的根据和标准，差不多已经成为他的第二天性；猛然遇见一种不同的文化输入，他的哲学上的根据，和道德上的标准，与固有的完全不同，焉得不大启疑问呢？疑问既起，遂冒冒然用他自己所固有的文化上的根据和标准，去比较衡量输入的新文化，无一是处；于是"离经叛道""非圣无法"，种种批评，纷然并起。哪知道天下事理，只有同在一类的东西，方才可以比较好坏；如果是两类的事物，根本上既然全不相同，就是不能比较的；何况一种独立的文化，自然各地方有各地方的地理、历史、气候，种种特殊情形；根据既然不同，如何能够随便比较着论好坏呢？可是理论上虽然是如此，事实上每每又如彼；因为有固有文化的人民，他脑子里边，已经是有本国的文化先入为主，根深蒂固，变成一种牢不可破的成见；因有这个成见，将虚心受益的灵明❷，便遮蔽住了。于是对于和自己旧日所信仰不甚相同的道理，无论什么，总归是一概认它做不好；甚至因而发生出来种种无聊的笑话，都是很不希奇的事。我们中国对于输入的西方文化，第一时期，也是如此。这个时期很长，大约自明代末年，直到清代，道光朝"鸦片战争"，都可以说是对

❷ 灵明：聪明，智慧。

于西方文化的疑忌时期。疑是疑惑，忌是猜忌，这个时期，对于外来的文化，完全是疑忌的；如不相信，请看当时的人，著的书立的说，凡是涉及西洋情事，很有好笑的。我后前见过一部书，叫做《中西纪事》，当时算做考究西洋事情的一种很有价值的著作；书上说："西洋人来中国治病，他们原是为要从中国人鼻子里吸取脑髓的！"又说："西洋人要取中国妇女小孩的眼球，去补西洋人的眼睛。"荒诞如此，竟然著书行世，大家也就居然信以为真！当时更有一种谬说，说什么西洋人偏爱吃牛肉，因为猪是他们的远祖呢！又明末时候，画的世界地图，只有中国居中，占了全纸的一大部分；东西南北，周围画了些小国；东边的就算日本朝鲜，西边的就算西洋各国；通通合在一起，没有中国一小部分大，你说荒谬不荒谬呢？因为什么？因为在疑忌时期，处处不拿外国当人看待，完全卑视他，所以有夷狄❶、羌戎❷、犬羊之族的话，因而弄出这种结果；这也不仅是我们中国人如此，他们西洋人亦何尝不如此？我亲见过从前西洋人做的一部书，记载中国事情说：中国的皇宫富丽，甲于天下，完全是用金质建筑成的；地铺的，满是金砖；并且金砖中间是空的，里边可以盛水，可以养育金鱼，在里边游泳！又有一书，纪载中国皇帝穷奢极侈，纵欲灭度；凡是大臣的女儿，在未嫁之先，有必须送到皇宫侍寝的惯例！诸如此类，种种怪诞不经的纪载，真可谓之荒谬绝伦了！推其本原，都是从疑忌两个字生出来的自然结果！所以谓之疑忌时期。

（2）冲突时期。彼此的文化，如道德习惯等，根本上既有许多不同的地方，疑忌复疑忌，忍无可忍，于是

❶ 夷狄：古称东方部族为夷，北方部族为狄。常用以泛称除华夏族以外的各族。

❷ 羌戎：泛指我国古代西北部的少数民族。

① 鸦片战争：即第一次
鸦片战争，清和英国
因港脚商人以飞剪船
在广东沿海武装公开
贩运鸦片爆发的战争。
战争的直接导火线是
清钦差大臣林则徐奉
道光皇帝圣旨于1839
年6月3日在广东虎
门销烟。战争最后以
中国失败签订《南京
条约》告终。英国方
面则称第一次鸦片战
争为第一次英中战争
或"通商战争"。第一
次鸦片战争是中国近
代史的开端。

② 五族：辛亥革命后曾
用以指称汉、满、蒙、
回、藏五个民族。

平冲突就不能不起来了。中国自"鸦片战争"① 以后，到
"义和团"之役，便是这冲突时期。我们中国人对于西洋
人，心理上单纯只有仇视他的一个观念，西洋人也为之不
平，生起反动力来；于是愈逼愈紧，认排外为当然。蕴酿
久了，到了光绪二十六年，遂至一发而不可收拾，野蛮排
外，诚所谓铸九州之大错！自此次失败以后，创巨痛深，
于是国人心理一变；对于西洋人和西方文化，猛然又由冲
突时期，一变而入第三时期。

（3）屈服时期。这个时期，总算是坏到极点了！战
争上武力屈服而外，对于西洋的文化，也是同一样的屈
服。排外的心理，完全改作媚外；对于西洋，事事摹仿，
事事崇拜；外人的势力所到，绝对服从，不敢争论；权利
损失，不知多少；自"义和团"失败以后，直到民国成
立，完全是这个时期。民国以后，国人的心理，渐渐地有
改变了。因为民国成立，由于革命成功，国人以为专制的
皇帝，可以推倒；五族② 共和，可以成立；因而联想及于
西洋人虽然富强，又何必事事去服从他呢？由此生出觉
悟，于是心理一变。我常讲辛亥革命以后，国民幸福，虽
然没有什么大发展；但国民的思想，因受激动而改变，总
算是一件顶好的事。好比欧洲这次大战，杀人争地，诚无
可取；但是他们也得到一种好结果，就是思想革新；因为
改变国民思想，本是顶困难的一件事，不论政治家、教育
家，凡要打算将国民思想变更，着实不容易；可是如有一
种事变激动，却又仿佛是不困难；如同欧洲的大战，我国
的革命，都是如此的，请再接说第四时期。

（4）抉择时期。所谓抉择，第一注重是在研究；因

为民国成立，国民心理改变的结果，觉悟到不论是非纯粹屈服西洋是错的，自己也有文化，自己也有心思耳目，何必事事随人俯仰呢？于是把屈服态度，一变而为研究的态度，一切要研究要抉择。近数年来，国人的"智识欲"，继长增高；所谓输入新文化与整理旧学，兼筹并进，渐渐能够趋向"科学的研究"，所谓科学的研究者，即是有途径、有范围、有系统、有目的的研究之谓也。最要紧的，是去掉冲动的感情，保持冷静的头脑，所谓"心热脑冷"，为从事于科学的研究之唯一要素；这是国人应当特别注意的！说到现在，正在那个时期中间，我很希望这个时期的经过，不妨比较得展长一点，庶几乎本国文化、西方文化，都能研究到很圆满的结果，于是融会贯通，由抉择时期，当然要进步而为融化时期。

（5）融化时期。昨天我在青年会讲演"基督教之进化"，内中有一个条目，是"基督教之中国化"说是耶教如不办到这一步，他们的宗教，便绝对不能在中国有什么大发展。因为我们中国民族，实在是固有文化的民族，所以从历史上看来，无论什么一种外来文化输入，经过一番研究抉择而后，一定是要与本国文化融化成功，才有裨益❶于本国文化的。现在西洋文化真精神渐渐输入，所谓抉择时期，正在要紧关头，盼望国人能够应用科学的方法，彻底去研究，去抉择，庶几乎融化时期能够早早实现。到了那个时候，世界文化渐趋统一，也没有什么东西新旧的区别了。

——江亢虎《演讲录》

❶ 裨益：益处，补益。

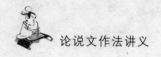

平民的文学

周作人

平民文学这四个字，字面上极易误会，所以我们先得解说一回，然后再行介绍。

平民文学正与贵族的文学相反。但这两样名词，也不可十分拘泥。我们说贵族的平民的，并非说这种文学是专做给贵族，或平民看，专讲贵族的平民的生活，或是贵族或平民自己做的，不过说文学的精神的区别，指它普遍与否，真挚与否的区别。

中国现在成了民国，大家都是公民。从前头上顶了一个皇帝，那时"率土之滨，莫非王臣❶"，大家便同是奴隶，向来没有贵族平民这名称阶级。虽然大奴隶对于小奴隶，上等社会对于下等社会，大有高下，但根本上原是一样的东西。除却当时的境遇不同以外，思想趣味，毫无不同，所以在人物一方面上，分不出什么区别。

就形式上说，古文多是贵族的文学，白话多是平民的文学。但这也不尽如此。古文的著作，大抵偏于部分的、修饰的、享乐的或游戏的，所以确有贵族文学的性质。至于白话，这几种现象，似乎可以没有了。但文学上原有两种分类，白话固然适宜于"人生艺术派"的文学，也未尝不可做"纯艺术派"的文学。纯艺术派以造成纯粹艺术品为艺术唯一之目的，古文的雕章琢句❷，自然是最相近；但白话也未尝不可雕琢。造成一种部分的修饰的享乐的游戏的文学，那便是虽用白话，也仍然是贵族的文学。譬如古铜铸的钟鼎，现在久已不适实用，只能尊重它是古物，

❶ 出自《诗经·小雅·北山》，率土：沿着王土的边涯。犹言普天之下，四海之内。

❷ 雕章琢句：像雕刻一样对文章的字句仔细斟酌修饰。

收藏起来，我们日用的器具，要用瓷❶的盘碗了。但铜器现在固不适用，瓷的也只是做成盘碗的适用。

倘如将可以做碗的瓷，烧成了二三尺高的五彩花瓶，或做了一座纯白的观世音，那时，我们也只能将它同钟鼎一样珍重收藏，却不能同盘碗一样适用。因为它虽然是一个艺术品，但是一个纯艺术品，不是我们所要求的人生的艺术品。

照此看来，文字形式上，是不能定出区别，现在从内容上说。内容的区别，又是如何？上文说过贵族文学形式上的缺点，是偏于部分的、修饰的、享乐的或游戏的；这内容上的缺点，也正如此。所以平民文学应该着重与贵族文学相反的地方，是内容充实，就是普遍与真挚两件事。第一，平民文学应以普通的文体，写普遍的思想与事实。我们不必记英雄豪杰的事业，才子佳人的幸福，只应记载世间普通男女的悲欢成败。因为英雄豪杰才子佳人，是世上不常见的人，普通的男女是大多数，我们也便是其中的一人，所以其事更为普遍，也更为切己。我们不必讲偏重一面的畸形道德，只应讲说人间交互的实行道德。因为真的道德，一定普遍，决不偏枯❷。天下决无只有在甲应守，在乙不必守的奇怪道德。所以愚忠愚孝，自不消说，即使世间男人多数最喜欢说的殉节守真，也不合理不应提倡。世上既然只有一律平等的人类，自然也有一种一律平等的人的道德。第二，平民文学应以真挚的文体，记真挚的思想与事实。既不坐在上面，自命为才子佳人，又不立在下风，颂扬英雄豪杰。只自认是人类中的一个单体，浑在人类中间，人类的事，便也是我们的事，我们说及切己

❶ 瓷：原书为"磁"。后同。

❶ 偏枯：比喻偏重于一方面，发展不均匀。

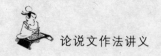

❶ 得：原书为"的"。后同。

❶ 田夫野老：乡间农夫，山野父老。泛指民间百姓。

的事，那时心急口忙，只想表出我的真意实感，自然不暇顾及那些雕章琢句了。譬如对众表白意见，虽可略加努力，说得美妙动人，却总不至于诌成一支小曲，唱得❶十分好听，或编成一个笑话，说得哄堂大笑，却把演说的本意没却了。但既是文学作品，自然应有艺术的美，只须以真为主，美即在其中，那便是人生的艺术派的主张，与以美为主的纯艺术派所以有别。

平民文学的意义，照上文所说，大略已可明白。还有我所最怕被人误会的两件事，非加说明不可——

第一，平民文学决不单是通俗文学。白话的平民文学比古文原是更为通俗，但并非单以通俗为唯一之目的。因为平民文学，不是专做给平民看见的，乃是研究平民生活，——人的生活——的文学。它的目的，并非想将人类的思想趣味，竭力按下，同平民一样，乃是想将平民的生活提高，得到适当的一个地位。凡是先知或引路的人的话，本为非全数的尽能懂得，所以平民的文学，现在也不必个个"田夫野老❷"，都可领会，近来有许多人反对白话，说这总非田夫野老所能了解，不如仍用古文。现在请问，田夫野老大半不懂植物学的，倘说因为他们不能懂，便不如抛了高宾球三氏的《植物学》去看《本草纲目》，能说是正当办法么？正因为他们不懂，所以要费心力，去启发他。正同植物学应用在农业药物上一样，文学也须应用在人生上。

倘若怕与他们现状不合，一味想迁就，那时植物学者只好照《本草纲目》讲点玉蜀黍性寒，何首乌性温，给他们听，文人也只好编几部《封鬼传》《八侠十义》给他们看，还讲什么我的科学观、文学观呢？

第二，平民文学决不是慈善主义的文学。在现在平民时代，所有的人都只应守着自立与互助两种道德，没有什么叫慈善。慈善这句话，乃是富贵人对贫贱人所说，正同皇帝的行仁政一样，是一种极侮辱人类的话。平民文学所说，是在研究全体的人的生活，如何能够改进到正当的方向，决不是说施粥施棉衣的事。平民的文学者，见了一个乞丐，决不是单给他一个铜子，便安心走过；捉住了一个贼，也决不是单给他一元钞票放了，便安心睡下。他照常未必给一个铜子，或一元钞票，但他有他心里的苦闷，来酬付他受苦或为非的同类的人。他所注意的，不单是这一人缺一个铜子或一元钞票的事，乃是对与他自己的，与共同的人类的运命。他们用一个铜子或用一元钞票，赎得心的苦闷的人，已经错了。他们用一个铜子或一元钞票买得心的快乐的人，更是不足道了。伪善的慈善主义，根本里全藏着傲慢与私利，与平民文学的精神，绝对不能相容，所以也非排除不可。

在中国文学中，想得上文所说理想的平民文学，原极为难。因为中国所谓文学的东西，无一不是古文。被挤在文学外的章回小说几十种，虽是白话，却都含着游戏的夸张的分子，也够不上这资格。只有《红楼梦》要算最好，这书虽然被一班无聊文人学坏，成了《玉梨魂》❶派的范本，但本来仍然是好，因为它能写出中国家庭中的喜剧悲剧，到了现在，情形依旧不改，所以耐人研究。在近时著作中，举不出什么东西，还只是希望将来的努力，能翻译或造做出几种有价值有生命的文学作品。

❶《玉梨魂》：民国言情小说，作者为徐枕亚（1889–1937）。徐枕亚是民国初年以写作骈文长篇小说著称的，其小说以言情为主，多借西方小说手法。1912年，一部《玉梨魂》红透半边天，甚至"红"出国界，热至东南亚。

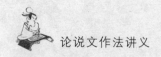

谈新文化运动❶

望　道

❶ 新文化运动：20世纪早期中国文化界中，由一群受过西方教育的人发起的一次革新运动。1919年5月4日前夕，陈独秀在其主编的《新青年》刊载文章，提倡民主与科学（德先生与赛先生），批判传统纯正的中国文化，并传播马克思主义思想。一方面，以胡适为代表的温和派，则反对马克思主义，支持白话文运动，主张以实用主义代替儒家学说，即为新文化运动滥觞。在这一时期，陈独秀、胡适、鲁迅等人成为新文化运动的核心人物，这一运动并成为五四运动的先导。

　　文化运动今已进展到各个方面具体实际的建设，不再是空谈一个总括名词抽象计划的时代了。什么是文化运动云云的文字，原来可以无庸再写，但因人的进步阶段不同。听说现今居然尚有人崇奉耶教经典上"太阳底下没有新的东西的"一句话为天经地义，妄用逻辑。背地里在那里咒骂新兴的文化。这虽可笑，却也可怜，倒该和他们略略谈谈。

　　文化运动一词，在他们似乎不容易懂，其实只要不太粗心了，便可以明白，不须有什么专篇解释。即要解释，也甚简单。"文"是"野"之对；"化"即是"教化""感化"的"化"，无非"变化"的意思。所以"文化"一词，说来也甚简单，指其动状不过"化野得文"的历程，指其静状不过是"化野为文"的结果。固然文野的对待，也不容易概括说，但那趋向实很显然。总是从粗到精，从简单到繁复，从迷信到了然，从虚伪到真实。所以"文化"一词，倘要详解，便可说是：精化、繁颐化、了解化、真实化。"化"必有"动"，"动"是"化"的前提。所以讲文化者，最厌恶的是停顿不动，或滞腻少动。要从那死一般的不动变成异样的动，势不能不暂时用些推挽的力。所以我们意识到要有那霹雳一声，惹起昏睡者不安的大举。这个便是所谓"文化运动"。

　　那么叫做"文化运动"就是了，何以必要称为"新"

文化运动呢?

这也并不费解。所谓"新",无非表明和旧有者不同的意思,此外并无什么意义。单是表明不同,原不一定要用"新"字,如自称"文化运动",把与自己不同的运动,叫做"非文化运动"或"野蛮运动",也未始不可能。但当代的文化运动者,却颇谦虚,一面不肯把旧有的结果尽放在"文化"以外,所以把那也仍称为"文化"。而一面又有分别不同的必要,所以只好彼此各加形容词,说这是新的,那是旧的,而新的一面便有所谓新文化一个熟语,其运动便是所谓新文化运动了。

所谓新文化和旧文化不同处,据我看来,不外一句话,就是:

要求得一个面面充实的人生。

譬如精神和肉体,原本不可截然分开,无精神只是行尸;无肉体只是"拆老"(鬼)。新文化者,不愿做行尸,也不愿做"拆老",所以两面都要使它发展充实。故一面要使文学美术等精神的粮食丰满充足,而一面又要做衣食住等肉体的滋养人人有着。前者形成了新文学、新绘画、新音乐等运动;后者最显著的就是社会主义的运动。其余如读书、离婚之类的旺盛,也不出这潮流的方向。

又如个人生活与社会生活,原也不得截然❶分开:因为纯粹的个人生活实际上决不可能,单是梦想家的幻想罢了。所以这两面生活也只如精神和肉体一样,不过是生活的两面而非生活的两种。为要面面充实起见,也应各有相当领域。所以图谋面面充实的新文化者,单谋个人快乐的"为我主义"固所排斥,压抑个人性情的印版主义也要唾

❶ 截然:界限分明地。

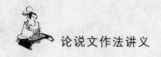

弃。所以他们都颇焦急，要想得到一个两面并茂，而非两面对消的理想生活。

总之面面充实是新文化运动的大趋势；这只要几年来稍微读过一点书、稍微看过一些报的都会知道，可以不详说了。

那么这种运动也有一定的目的、一定的理想，并不像醉人的醉步，走到哪里算哪里的了。是的，新文化运动是确有一定的目的、理想的；那目的、那理想，也很寻常，不过人们已经说惯了、说旧了的真、善、美。不过意思却较透辟，内容也更着实罢了。

为要真，所以近年来竭力提倡科学，竭力地想用科学方法来研究一切的问题。

为要善，所以近年来竭力攻击一切虚伪的、片面的道德，竭力建筑真实的、平衡的道德。

为要美，所以近年来美育的运动已开始萌动，而趣味的矫正也正在不遗余力地向各面进行。

总而言之，新文化运动于今都已有了内容；那内容或者可以说尚未全然到精，到繁颐，到真实的境地，但其内容的进步是显然的。什么人倘有勇气反对，便该捉住内容逐步反对；不要只弄诡辩❶。

❶ 诡辩：颠倒是非黑白地推论；无理狡辩。

64

第三章　辩论文

一　辩论文的意义

辩论文是一种使人信服作者自己的主张的文章。换句话说，就是作者对于一桩事情的见解，无论所主张的是或非、善或恶、美和丑，只要确定了后，就把这种主张用文字向他人发表出去，使他人也有与作者同样的主张。所以这种文章的功用，简单说来，就是发表作者自己的思想，改变他人的意向。

辩论文与说明文关系最密切。说明文以使人理解为主旨，辩论文以改变他人的意向为目的，也非使人对于作者自己的主张详细理解不可，这是两者的旨趣

★　辩论文是一种使人信服作者自己的主张的文章。

65

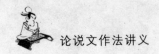

完全相同的处所。至于在辩论文里，关于解释题目的含义及说明问题的起源和历史等应用说明文的地方正很多，那是不消说的了。所以辩论文与说明文二种体裁粗略地看来，每每不易辨别。举个例来说：

一切器物制度都是应用的。因为有某种需要，故发明某种器物，故创造某种制度。应用的能力增加，便是进步；应用的能力减少，便是退步。例如车船两物都是应付人类交通运输的需要的。路狭的地方有单轮的小车，路阔的地方有双轮的骡车；内河有小船，江海有大船。后来陆地交通有了人力车、马车、火车、汽车、电车；水路交通有了汽船：人类的交通运输更方便了，更稳当了，更快捷了。我们说小车、骡车变为汽车、火车是大进步，帆船、划船变为汽船也是大进步，都只是因为应用的能力增加了。一切器物、制度都是如此。

语言文字也是应用的。语言文字的用处极多，简单说来，①是表情达意，②是记载人类的生活的过去经验，③是教育的工具，④是人类共同生活的唯一媒介物。我们研究言语文字的退化、进化，应该根据这几种用处，定一个标准："表情达意的能力增加吗？记载人类经验更正确明白吗？还可以做教育的利器吗？还可以做共同生活的媒介物吗？"这几种用处增加了，便是进步；减少了，便是退化。

现在先泛论中国文言的退化。①文言达意表情的功用久已减少至很低的程度了。禅门的语录，宋

★ 辩论文与说明文二种体裁粗略地看来，每每不易辨别。

66

明理学家的语录，宋元以来的小说，都是文言久已不能达意表情的铁证。②至于记载过去的经验，文言更不够用。文言的史书传记只能记一点极简略极不完备的大概。为什么只能记一点大概呢？因为文言自身本太简单了，太不完备了，决不能有详细写实的记载，只好借"古文义法"做一个护短的托词。我们若要知道某个时代的社会生活的详细记载，只好向《红楼梦》❶和《儒林外史》❷一类的书里寻去。③至于教育一层，这二十年的教育经验更可以证明文言的绝对不够用了。二十年前，教育是极少数人的特殊权利，故文言的缺点还不太觉得。二十年来，教育变成了人人的权利，变成了人人的义务，故文言的不够用渐渐成为全国教育界公认的常识。……④至于做社会共同生活的媒介物，文言更不中用了。从前官府的告示，"圣谕广训"一类的训谕，为什么要用白话呢？不是因为文言不能使人懂得吗？现在的阔官僚到会场演说，摸出一篇古文或骈文或韵文的文章，哼了一遍，一个人都听不懂；明天登在报上，多数人看了还是不懂！再看我们的社会生活，——在学校讲讲、教授、演说、命令仆役、叫车子、打电话、谈天、辩驳——哪一件是用文言的。我们还是"斯文中人"，尚且不能用文言做共同生活的媒介，何况大多数的平民呢？

　　以上说的语言文字的四种用处，文言竟没有一方面不是退化的。上文所说，同时又都可证明白话在这四方面没有一方面的应用能力不是比文言更大得多。

　　总括一句话，文言的种种应用能力已减少到很

❶《红楼梦》：中国古代四大名著之一，章回体长篇小说，原名《石头记》。书前80回由曹雪芹所著，后40回高鹗（一说是无名氏）续，程伟元、高鹗整理。

❷《儒林外史》：长篇小说，清代吴敬梓著。五十六回。

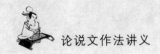

低的程度，故是退化的；白话的种种应用能力不但
不曾减少，反增加发达了，故是进化的。

——胡适《国语的进化》[1]

❶《国语的进化》：出自
胡适最重要的语法著
作《国语文法概论》
（载《胡适文存》1921
年）。该文共分3篇。
第一篇讲国语与国语
文法；第二篇讲国语
的进化；第三篇讲文
法的研究法。

　　这例里面，如解释"应用的能力增加便是进
步，……"，解释"语言文字的用处……"都是说明文；
至于，泛论"中国文言的退化……"而断定"文言应
用能力减少是退化的，白话应用能力增加是进化的"，
这又是辩论文了。可见说明文与辩论文是很有关系的。

　　这样，说明文与辩论文没有分别了吗？那又不然。

　　说明文与辩论文的区别，有三点可以提出来说的。
第一从效用上说，说明文是单以解释事物、事端、意
象等，使人理解为止，辩论文则使人理解之外还要进
一步使人信服的，所以效用范围便不同了。第二从题
目上说，说明文是以单语为题的，如"书籍""社会
主义"之类，不能议论；辩论文的题目是有断定语的，
如"书籍是传播文化的利器""社会主义是救济中国现
状的好方法"是可以辩论的。第三从态度上说，说明
文是不预计敌论者的，只如实地把整理说明出来；辩论
文的作者，心目中须假定一个敌论者在前面，所发的议
论不是反驳他人，就是引起他人的反对或发表自己的主
张的。这三点，实在是说明文与辩论文最大的区别呵。

二 辩论文的重要

辩论文的重要，简单说来可以分作两方面：一是理想，一是实用。

在第一的方面，我们学辩论文可以养成一种推理正确、思想精细、知识丰富的学者；在第二的方面，我们可以鼓吹自己的主张，攻驳他人的谬论。

我们知道中国的文人，向来只会读陈腐的书籍，不喜欢谈论当代国家社会里的重要问题；一摇笔作文，便是"美人""芳草""风云月露"这一派无关痛痒的话；有时虽也发发议论，但也不过是用了一种空空洞洞的话，骂一骂那些陈死的古人，如什么"秦始皇焚书坑儒论""汉武帝罢黜百家论"那一类的议论罢了。这样的议论有什么样一种理想，有什么样一种用处呢？

现在我们学辩论文有两个特点，为向来的文人所无的，就是①材料是现代的，——采取国家社会问题和现代的知识思想；②方法是科学的，——适用论理学、心理学、修辞学等原则；所以我们能够把素来对于思想知识方面的缺陷，都可借辩论文来增添改正或是发展：这可见辩论文的重要了。

在《辩论术之实习与学理》（费培杰译的）里有一节

★ 辩论文的重要，简单说来可以分作两方面：一是理想，一是实用。

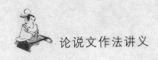

"辩论术"的重要的，把辩论术的重要分为两种：（1）是在教育上的重要，（2）是在实际上的重要。那一节内容，于我们很有帮助，现在把来表列在这里，作我们的参考。

★ 辩论术的重要分为两种：（1）是在教育上的重要，（2）是在实际上的重要。

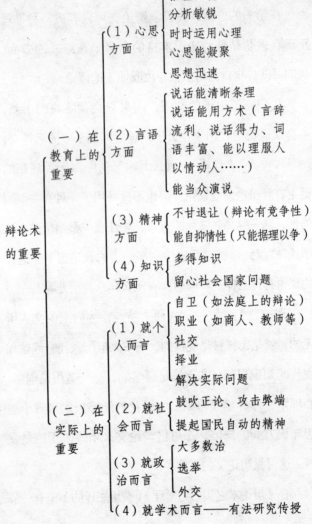

辩论术的重要

（一）在教育上的重要

　（1）心思方面：推理正确／分析敏锐／时时运用心理／心思能凝聚／思想迅速

　（2）言语方面：说话能清晰条理／说话能用方术（言辞流利、说话得力、词语丰富、能以理服人以情动人……）／能当众演说

　（3）精神方面：不甘退让（辩论有竞争性）／能自抑情性（只能据理以争）

　（4）知识方面：多得知识／留心社会国家问题

（二）在实际上的重要

　（1）就个人而言：自卫（如法庭上的辩论）／职业（如商人、教师等）／社交／择业／解决实际问题

　（2）就社会而言：鼓吹正论、攻击弊端／提起国民自动的精神

　（3）就政治而言：大多数治／选举／外交

　（4）就学术而言——有法研究传授

三　辩论文的题目

题目的形式

在前文说过，辩论文的题目，是有断定语的。所谓有断定语，就是"甲是乙"或"甲非乙"这种的形式，就是含有主词与表词的形式意义都完全的句子。如说"鲸""幼稚园"这种单简的名词，是不能作为辩论文的题目的；我们必得说"鲸是兽类"或"鲸不是鱼类""幼稚园是学校"或"幼稚园不是学校"，这才是辩论文的题目。因为这等题目是含有断定语的，是含有主词（如"鲸""幼稚园"）与表词（如"是兽类""不是鱼类"，"是学校""不是学校"）的完全的句子。

但是实际上在辩论文里以单语为题目的也是很有的。如"论鲸""论幼稚园"，还是可以当作辩论文的题目看待。还有如"段祺瑞论""贞操论""教育论"……这一类的题目，在辩论文里也是采用得很多的。因为这等题目，在形式上看固然是一个名词，其实彼的内容，仍是含有断定语的呀。

题目语法的规则，在辩论术里规定得很严：如

★　题目语法的规则，在辩论术里规定得很严。

71

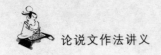
（1）题目必须弄得很窄，只含一个要紧的意思；（2）题目必须用正面的语气；（3）题目里不可有意义含糊的字；（4）题目要简单要浅显。但这是以言语发表的"辩论术"的规则，在我们这以文字发表的"辩论文"里，不必有这样的限制。总之，只要含有断定，无论是"甲是乙"或"甲非乙"都可以的。

题目的种类

辩论文的题目，依据前面所说那种"甲是乙"和"甲非乙"的形式可分为两种：就是①肯定的题目（甲是乙），②否定的题目（甲非乙）。但是这还是从"质"上说的。要是我们从"量"的上面说，还有所谓全称与特称二种，也是我们应该知道。比方说：

> 竞赛运动应该废止。——肯定的（在辩论术里称正面）
> 竞赛运动不应废止。——否定的（在辩论术里称反面）

这种题目的意思，无非是说"竞赛运动应该废止"或是"竞赛运动不应该废止"这两个问题。但是我们要知道，"竞赛运动"有许多的种类，如田径赛、五项运动、篮球、足球、网球等都是含有竞赛性质的运动，这里我们所说的"应该废止"或"不应该废止"究竟是指定哪一种的竞赛运动？是田径赛呢，还是五项运动呢？是篮球呢，还是足球呢？抑或是各种的运动，只要含有"竞赛性"的都包括在内呢？这是我们应该先说清楚的。所以全称与特称这两种"量"的分类，就不能不讲究了。如果我们说：

凡竞赛运动应该废止。——全称的肯定
凡竞赛运动不应废止。——全称的否定

这就是说"一切的"竞赛运动都应废止，或不应废止。这是全体的，无论是田径赛也好，五项运动也好，篮球、网球、足球也好，一切的竞赛运动都包括在内的。所以叫做全称。如果我们说：

某种竞赛运动应该废止。——特称肯定
某种竞赛运动不应废止。——特称否定

这就是说"某种的"竞赛运动应该废止或不应废止。这是特殊的。所指的"某种竞赛运动"或是田径赛，或是五项运动，或是足球、篮球，是有限止的。所以叫做特称。

全称与特称关系全文的论点，如果我们在题目上不分别清楚，全文的论点就会错误的，何等的重要呵。

现在拢总说一句，题目的分类，从"质"上说可

★ 全称与特称关系全文的
论点，如果我们在题目
上不分别清楚，全文的
论点就会错误的。

73

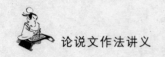

以分为肯定与否定二种，从"量"上说可以分为全称
与特称二种。再把"质"与"量"总合拢来说就可分
为四种，便是：

（1）全称的肯定；

（2）全称的否定；

（3）特称的肯定；

（4）特称的否定。

四　辩论文的作法（一）

★ 引论是一篇文章的开端，就是在辩论术里的题目的分析。

有了题目，我们就要谈到作法了。

辩论文的作法，比较说明文要复杂，现在分为三
部分来说：第一是全篇大体的结构，第二是辩证的法
式，第三是证据。在这节里先说第一部分。

第一部分又可分为三项来说明：（1）引论，（2）
辩证，（3）结论。

引论

引论是一篇文章的开端，就是在辩论术里的题目
的分析。（参《辩论术之实习与学理》四二页至六八
页）彼所负的任务是关于题目的解释的事件。分开来

说，就是——

1. 问题的起源及历史

一个题目怎样会变成一个问题来做我们辩论的材料呢？这中间必定有彼的发生的原由，及历来经过的情形。例如我们要辩论"贞操问题"这一个题目，我们须得把这个问题的起源怎样，在历史上有什么样一种势力，有什么样一种变迁，在法律和道德上有怎样的关系……详细地研究一番，简明地叙述出来，然后才能找得出这文辩论的要点。所以问题的起源及历史在引论里实在占很重要的位置。

★ 问题的起源及历史在引论里实在占很重要的位置。

2. 题目的定义

题目的定义，与题目的内容很有关系的，与全文的论点也是很有关系的，所以在辩论未开笔以先，也应先解释一下，究竟这个题目含有什么样一种意义？彼的特点在什么地方？是关于法律问题以内的事项，还是关于科学或文学、道德等问题以内的事件呢？是什么样的问题我们就只能下一个什么样的定义。若是逾越题目的范围，另外找出一种广泛无当的定义来，全文的论点，就要因此错误的；若是题目的字义，不能明白地解释出来，只是含糊说了一说，或者过于偏僻，过于高深，令人难懂，也是妨害全文的论点的。

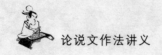

所以这在引论里也应该特别地留意。

3. 标出中心论点

把问题的起源和历史以及题目的定义说明白了，其次便是标出中心的论点。标出中心论点，有三个极重要的条件：（1）除去不关痛痒的东西，（2）承认无害于辩证的东西，（3）拿正反两面的理由来互相比较。除去不关痛痒的东西，就是撇开论外的事项。（参陈望道《作文法讲义》第九章三九节。）因为一个题目里所含的意义有时很多，很复杂，但我们不能说都是重要的；有些地方一定要证明的，有些地方无关要紧，不必证明的，我们必须辩清楚。换句话，就是我们应该把那不关痛痒的东西除去，才能找得中心的论点来。承认无害于辩证的东西，就是说要承认共许的事项。因为论题里面有许多事项是正反两方面都以为然的，我们在引论里面对于这点也应该先说明白。正反两面的意见不同的地方，也是论点的中心所在，比较的工夫尤其不可少。

★ 辩证是辩论文里最主要的部分。

辩证

引论做好了，便是辩证。辩证是辩论文里最主要的部分。详细地说，这里所谓辩，就是驳辩主张等的理由，所谓证，就是证据，就是主张辩驳等的例子。
例如说：

> 竞赛运动应该废止。①
>
> 竞赛运动有种种的流弊：（甲）少数人变成畸形的发达；（乙）多数人没有参加竞赛的希望；（丙）因比赛而发生恶感；（丁）发生意外的危险；（戊）发生不道德的行为。②
>
> 某生长于足球只是终日练习足球，旁的运动都不管，致各部筋肉不能平均发育；③
>
> 某校足球比赛，夺得八大学锦标，但实际调查起来，尽有许多学生疾病连绵的；也有大部分学生体格，十二分衰弱的；④
>
> 有一次，清华和北大赛足球，几乎要打起来了，结果各在报上大登启，彼此相骂；⑤
>
> 某次大运动会结果，有受伤的，有手折坏的，有腿踢破的，有头打伤的；⑥
>
> 某比赛队在比赛时，故意破坏规则，从中取巧；因为嫉视敌队的缘故，常发生损伤对手的事情。⑦

★ 所谓证，就是证据，就是主张辩驳等的例子。

　　这例里所附注的①是题目，②是理由，③至⑦都是证据，③是理由（甲）的证据，④是（乙）的证据，⑤是（丙）的证据，⑥是（丁）的证据。⑦是（戊）的证据。这等重要的部分应说在引论的后面的。

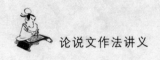

结论

有了引论，又有了辩证，以后最重要的便是结论了。结论可以分两层来说，一是断定，一是总结。断定是辩论的小结束。如前例，我们还加上一句"所以竞赛运动应该禁止，⑧"这⑧便是一种断定语。总结是引论和辩证的提要，彼的用处在把全篇的纲要重提一遍，使读者得到一个具体的总合的观念。例子参看后面（五）节，这里便不赘说了。

★ 有了引论，又有了辩证，以后最重要的便是结论了。

五　辩论文的作法（二）

如前节所说，一篇辩论文，有了引论，有了辩证，又有了结论，大体结构就算完备了。现在再说第二部分辩证的法式。

辩证的法式，有许多种。在陈望道《作文法讲义》里分为演绎法、归纳法、比拟法三种；在《辩论术之实习与学理》里分为归纳论证、演绎论证、因果论证、类比论证四种。但实际说来，辩证的基本法式，只有演绎法与归纳法两种用得最多，所以在这节里把这两种详细地说一说。

演绎法

演绎法又叫做三段论法。就是以一个普遍的原则为基本，来辩证这个原则所包括的一个题目的一种辩证的法式。例如：

> 凡中国人是黄色人种。①
> 孔子是中国人，②
> 故孔子是黄色人种。③

这是从"凡中国人是黄色人种"这一个题目来辩证"孔子是黄色人种"这个题目的。前者是普遍的原则，范围较广，所以用全称；后者仅论孔子一人，所以意义就狭小了。

演绎法的论式，是由三个完全的句子（有主词有表词而语意完足的叫做句）合成的。这三个句子的名称就是大前提（如前例①），小前提（如前例②），断定（或叫做结论，如前例③）。每个句子又分作两部分，每一部分叫做一个"词"。词也有三种特别的名称，就是（1）大词，（2）媒词（又叫做中词），（3）小词。各个词都有一定的位置。用前例表示出来便是：

> 凡中国人（媒词）是黄色人种（大词）。（大前提）

★ 演绎法又叫做三段论法。就是以一个普遍的原则为基本，来辩证这个原则所包括的一个题目的一种辩证的法式。

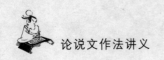
孔子（小词）是中国人（媒词）。　（小前提）

故孔子（小词）是黄色人种（大词）。（断定）

演绎法三段的顺序，在论理学上通常是如前例的书法，先大前提，次小前提，再次断定。但用在文字上或言语上往往是把次序变更的，如下例各种格式：

凡人类都是要死的，　　　　　　　　（大前提）

故某人是要死的，　　　　　　　　　（断定）

因为他也是人类。　　　　　　　　　（小前提）

这是一种格式：先大前提，次断定，再次小前提。

督军制是教育实业的障碍，　　　　　（小前提）

所以督军制要废，　　　　　　　　　（断定）

因为凡是教育实业的障碍的制度都应废的。（大前提）

这又是一种格式：先小前提，次断定，再次大前提。

陈大同应学习辩论文，　　　　　　　（断定）

因为凡是中学生应学习辩论文的，　　（大前提）

而陈大同也是中学生的缘故。　　　　（小前提）

这又是一种格式，先断定，次大前提，再次小前提。

白话文应该采用，　　　　　　　　　（断定）

因为白话文是便利的，　　　　　　　（小前提）

★ 演绎法三段的顺序，在论理学上通常是如前例的书法，先大前提，次小前提，再次断定。但用在文字上或言语上往往是把次序变更的。

而凡是便利的我们应该采用的缘故。（大前提）

这又是一种格式：先断定，次小前提，再次大前提。因为我们在日常谈话作文的时候，是很自由的，只求达出自己的意思，决不能而且不必把自己谈话或作文按照论理上的三段的次序来排列的，所以便有这种种变通的格式了。

演绎法的论式，不但可以变更三段的次序，而且有时还可以省略三段中的一段。例如：

　　凡是便利的我们应该采用，　　（大前提）
　　故白话文也应该采用。　　　　（断定）

这是省略小前提的；

　　白话文也是便利的，　　　　　（小前提）
　　所以也应该采用。　　　　　　（断定）

这是省略大前提的；

　　凡是便利于我们的不应该采用吗？（大前提）
　　白话文不是便利于我们的吗？　　（小前提）

这是省略断定的。这种省略，在形式虽然有欠缺，但在意义上还是可以懂得的，所以于论理的法式没有防碍。

演绎法的论式有省略的，但也有复杂的。因为我

★ 演绎法的论式，不但可以变更三段的次序，而且有时还可以省略三段中的一段。

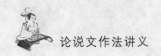

们的思想并不是常常这样简单，单用三段论法就够用了的。有时我们所辩证的事理，或者非常复杂，那就非这三段论法所能足用，我们必得用复杂的演绎的法式，才可以的。例如：

马为四足兽	（小前提一）
四足兽为动物	（大前提一）
故马为动物	（断定一　小前提二）
动物为有机体	（大前提二）
故马为有机体	（断定二　小前提三）
有机体为物质	（大前提三）
故马为物质	（断定三）

这是辩证"马为物质"所用的一种复杂的演绎式。有三个大前提，三个小前提，三个断定。又如：

人类不能不生存	（大前提一）
生存不可不有智识	（小前提一）
故人类须有智识	（断定一　大前提二）
智识由教育而得	（小前提二）
故人类必须有教育	（断定二）

这是辩证"人类必须有教育"所用的一种复杂的演绎式。有两个大前提，两个小前提，两个断定。这种法式，在论理学上叫做连❶锁体，这种连锁体不止结合二三个演绎式，有多至四五个大前提、小前提和断定的。详细可参看论理学，这里只说个大概罢了。

❶ 连：原书为"联"。后同。

82

　　演绎法的论式，还有假定的和选定的两种形式，这里也可以说一个大概。

　　假定的演绎的法式，是一种假设的辩证法。多半是由大前提或小前提的假定的语气而推出断定来。例如：

* 假定的演绎的法式，是一种假设的辩证法。

> 他若是中国人，则必为黄色人种。
> 他是中国人，
> 故他是黄色人种。
>
> 不是乐天的，则必是厌世家。
> 不是乐天的，
> 所以是厌世家。
>
> 春若来，则花应开。
> 春来了，
> 所以花应开了。
>
> 要是人，则必有情。
> 无情。
> 故不是人。

　　这几个例子都是。

　　选定的演绎的法式，是一种列举几个条件而选择其中的一个的辩证式。从中选择一个，其余便可以不取了。例如：

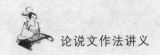
硫黄是金属，还是非金属？

硫黄不是金属，

故硫黄为非金属。

他是善人，还是恶人？

他是善人，

所以他不是恶人。

他是英国人或法国人，

他是英国人，

所以他非法国人。

他是神或是恶魔，

他不是恶魔，

所以他是神。

* 归纳法的论式，是一种先观察各个实例，然后求出普遍的断定的一种辩证法。

这几个例子都是。在那几个条件中，如取定一个条件为是，则其余为非，如取定一个条件为真，则其余便是伪的了。

以上是演绎法。

归纳法

归纳法的论式，是一种先观察各个实例，然后求出普遍的断定的一种辩证法。比方这里有几桩事件，依我们考察所得到的结果，这几桩事件的特点都是相同的。于是我们便可总括地说这几件事皆有同样的某种特色，这就是归纳法的论式。举个实例来说：

> 牛是要死的，马是要死的，草是要死的，美国的威尔逊死了，俄国的列宁也死了……这许多都是生物，都要死；可知凡生物都是要死的东西。

"凡生物都是要死的东西"这个普遍的断定，就是许多实例归纳起来的。所以这是归纳法的论式。

归纳法与演绎法恰是相反的。归纳法所得到的普遍的断定，恰是演绎法的大前提；归纳法的结果，就是演绎法的开端。（照论理学上的格式）如说：

> 这次考试，张君成绩不及格，李君成绩不及格，王君成绩不及格，陈君成绩也不及格……他们平素都是不用功的学生，因此我们可以断定：
> 凡是不用功的学生，考试成绩都不能及格的。

这是归纳法的辩证式。

> 凡是不用功的学生，考试成绩都不能及格，
>
> 他是不用功的学生，
> 所以他的考试成绩，不能及格。

这是演绎法的辩证式。我们看了这两例中"凡是不用功的学生，考试成绩都不能及格"一面为归纳法的断定，一面为演绎法的大前提，就可以知道二者的区别了。

归纳法可以分为两种：①完全的归纳法。②不完

★ 归纳法所得到的普遍的断定，恰是演绎法的大前提；归纳法的结果，就是演绎法的开端。

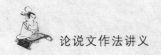

全的归纳法。

完全的归纳法，就是断定所根据的实例，个个都是可以直接试验的，例如我们这班里有四十个学生，如果一个一个地问他们，初级中学毕了业要去做什么，他们统统都回答说要升学；我们便可以下一个断定说"在我这班里的四十个学生，初级中学毕了业，都是要升学的"。这就是完全的归纳法。因为这个断定所总括的，仅仅是以现在这班里四十个学生为实例。实例既然可靠，故所得到的断定也是很正确可靠的，完全无错的。

不完全的归纳法，就是断定所包括的范围，不仅仅是断定所根据的实例，乃是超出实例的范围以外，总括了未经观察，未经经验的实例的一种归纳法。例如前面那个"凡是不用功的学生，考试成绩都不能及格"这个断定是根据张君、李君、王君、陈君几个学生作实例的，这几个学生考试成绩不及格，是因为不用功，也许是的；但学校中尽有一种天资聪颖的学生，不必用功而考试成绩也能及格的，那么这个断定的全称"凡"字就有点靠不住了。这种断定，我们就叫做不完全的归纳法。

用归纳法的论式，有两个最易犯的弊病须注意：

①一个断定所根据的实例，不普遍，而且是有反例（或例外）的。比方一个小孩，因为渠自己有父母，渠便说别的小孩一定也有父母；热带的人因为他自己所居的地方很热，便说世界上到处都是很热；做生意的人，因为遇着一二个官场中人不耿直，便说"凡官场中人都是不耿直的"；乡下农夫受过一个律师的骗，便说"凡律师都是骗子"；这些断定都是错了的。因为所根据的实例都是不普遍，而且例外很多的呀。

②断定所概括的东西，没有明确的因果关系。如看见英、美、德、法等文化高的国民，都是白色人种，因而断定非白色人种便不能有高等的文化，这种断定也是错的。因为印度、中国都是反证的例子，而且文化和人种的颜色两件事中间是没有因果关系存在的。这两种弊病都是我们一般初学辩论文的人所应注意的。

以上是归纳法。

总之，演绎法与归纳法是两种最重要的辩证的法式。我们在一篇辩论文里，有时应用一种，有时应用两种——但在长篇的辩论文多半是两种错纵地使用——原是不必拘泥的。不过有一层我们应该注意的，就是我们辩证时所用的证据。一篇辩论文所用的辩证法虽然十分地不错，但是，如果证据不正确，那还是

★ 总之，演绎法与归纳法是两种最重要的辩证的法式。

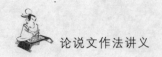

不能算作一篇理由充分的辩论文。所以以下我们便要说到证据了。

六　辩论文的作法（三）

这一节说到证据。

证据，我们可以分两部分来说明，就是证据的来源和证据的种类。

证据的来源

★　证据的来源，就是证据的材料的搜集。

证据的来源，就是证据的材料的搜集。这与我们做记叙文时应搜集各种材料一样。不过记叙文的材料是偏重实物，是纯客观的；辩论文的材料多半是抽象的理论和事情，客观的观察，与主观的判断并重，有这样一个不同罢了。

证据的来源，大概可分三项来说：

第一是读书。要辩证一件事情的是非善恶，如果没有丰富的知识做根据，便不能得到充分的理由。不能得到充分的理由，所辩证的事情的是非善恶便不能真确，不能得到人家的赞成和信仰。知识的重要有这样。

读书是求得知识的最重要的方法。我们多读书，能从书本上得到许多理论上的援助，和事情上的实例，作为我们辩论时的证据，使我们的断定有根据，确实可靠，不致陷于空泛误谬的境地。一个空疏误谬的辩论者，就是因为缺乏知识的缘故，就是因为没有多读书的缘故呀。

　　书本上的知识，应用到辩论里面，有两种是必要的：一是专著，二是时论。辩论一个关于学术上的特别的问题，所用的证据，多是要从专门的著述里面去找；辩论一个关于时事上的问题，所用的证据，多半要从时论（如报章杂志等）里面去找；因为各种专著及有名的时论，是最要的证据的材料。我们能从书本上旁征博引，多立证据，我们所论断的，才不致陷于独断与臆说的弊病呢。

　　第二是谈论，谈论也是搜集证据材料的最好的方法。我们平常同人家谈论，尽有许多资料，可以作为辩论时的证据的。虽然因各人的知识不同，而各人的见解、主张,．也多所区别；但无论怎样，与人家谈论，总可以增加许多新见解、新知识，做我们参考的材料。比方我们要辩论一个废止考试的问题，我们要是多同教育家谈论，必定能找得许多教育上的证据；我们要

　　★ 书本上的知识，应用到辩论里面，有两种是必要的：一是专著，二是时论。

89

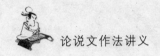

是多同心理或是生理学家去谈论，必定能找得许多心理学或是生理学上的证据；要是同学生去论谈，又必定能从事实上发见许多有价值的证明：这种搜集证据的方法，简便、经济，而又最实在，学习辩论文的人切不可轻视的。

第三是调查。这是辩论时事问题，所最不可少的一种搜集证据的方法。因为有许多理论是根据事实来的；如果事实上不调查确实，断定虽然成立，实际上还是没有用处，还是没有价值的。所以调查也是搜集证据材料的一个最好的方法了。调查的手续，最好是亲自去实地调查，但这事实上每每难做得到，如能用通信调查，或是参考当时实地调查的报告也是可以的。

证据的种类

证据的种类，因性质上的分别，有四种：

1. 因果论　这种证据，是与断定有因果关系的：或是用原因去证明结果，或是由结果去证明原因。例如：

（A）中国教育不普及（原因），所以政治情形弄到现在这个混乱的样子。（结果）

（B）中国的时局混乱（结果），乃是由于武人

★ 如果事实上不调查确实，断定虽然成立，实际上还是没有用处，还是没有价值的。

专政。（原因）

这里（Ａ）例是以结果为证据，来证明原因的，（Ｂ）例是以原因为证据，来证明结果的。这两个例子里所含的辩证的法式是：

（Ａ）例

　　教育不普及，政治情形必定混乱。
　　中国教育不普及，
　　　所以（中国的）政治情形弄到现在这个混乱的样子。

（Ｂ）例

　　武人专政的国家，时局必混乱。
　　中国武人专政，
　　所以中国的时局混乱。

但普通的辩论文，不用这种辩证的法式，只写作（Ａ）（Ｂ）两例原来的格式罢了。

2.**例证论**　这种证据，就是断定的实例。先举出几个实例来，然后再依据这几种实例相同的特点，下一个断定。（可参看归纳法）例如：

　　其校的学生，向来都是萎靡不振❶的，因施行强迫运动，精神都振作起来了；（实例）
　　故强迫运动是有益于学生的精神的。（断定）
　　投石于水则下沉，投木片于水则上浮；（实例）

❶ 萎靡不振：衰颓消沉；精神不振作。

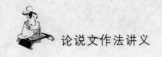

可知轻的东西是浮的，重的东西是沉的。（断定）

这种例子都是。

例证论与因果论，在辩论文里很有连带的关系。我们在这里举胡适之著的《建设的文学革命论》❶中的第二大段来分析一下，便可知道。

❶《建设的文学革命论》：原载 1918 年 4 月《新青年》第四卷第 4 号。

> ……我曾仔细研究：中国这二千年何以没有真有价值真有生命的"文言的文学"？①我自己回答道："这都因为这二千年的文人所做的文学都是死的，都是用已经死了的语言文字做的。②死文字决不能产出活文学。③所以中国这二千年只有些死文字，只有些没有价值的死文学。④

在这节里①是结果，是断定；②是原因，是证据；③是原因，是证据；④是结果，是断定，这是因果论。

> 我们为什么爱读《木兰辞》和《孔雀东南飞》呢？因为这两首诗是白话做的。⑤为什么爱读陶渊明的诗和李后主的词呢？因为他们的诗词是用白话做的。⑥为什么爱杜甫的《石壕吏》《兵车行》诸诗呢？因为它们都是用白话做的。⑦为什么不爱韩愈的《南山》呢？为他用的是死字死话。⑧……简单说来，自从《三百篇》到于今，中国的文学凡是有一些价值，有一些儿生命的，都是白话的，或是近于白话的。其余的都是没有生气的古董，都是博物院中的陈列品。⑨

在这节里是用的例证论。从⑤到⑧都是实例，是证据；⑨便是结论，是断定了。

再看近世的文学：

何以《水浒传》《西游记》《儒林外史》《红楼梦》，可以称为"活文学"呢？⑩因为它们都是用一种活文字做的。⑪若是施耐庵、邱长春、吴敬梓、曹雪芹，都用了文言做书，⑫他们的小说一定不会有这样生命，一定不会有这样价值。⑬

这节里是因果论与例证论同时并用的。⑩⑪是因果论，⑫⑬是例证论。我们再看下一段：

……为什么死文字不能产生活文学呢？这都由于文学的性质。一切语言文字的作用在于达意表情；达意达得妙，表情表得好，便是文学。⑭那些用死文言的人，有了意思，却须把这意思翻成几千年前的典故；有了感情，却须把这感情译为几千年前的文言。明明是客子思家，他们却须说"王粲登楼"❶"仲宣作赋"❷；明明是送别，他们却须说"《阳关》三叠""一曲《渭城》"；明明是贺陈宝琛七十岁生日，他们却须说是贺伊尹、周公、傅说。更可笑的：明明是乡下老太婆说话，他们却要叫她❸打起唐宋八家的古文腔儿；明明是极下流的妓女说话，他们却要打起胡天游、洪亮吉的骈文调子！……试问做这样的文章如何能达意表情呢？既不能达意，既不能表情，哪里还有文学呢？即如那《儒林外史》里的王冕，是一个有感情，有血气，能生动，能谈笑的活人，这都因为做书的人能用活

❶《王粲登楼》，元代著名的杂剧家和散曲家郑光祖作，写三国时王粲因恃才骄矜而屡遭折挫，登楼遣闷时趁醉吟诗作赋的故事。

❷仲宣作赋：此"赋"指《登楼赋》，见于《文选》卷十一，是建安时代抒情小赋的代表性作品。王粲才华横溢，却不被刘表重用，寓流荆州十五年。公元205年（东汉建安九年）秋，王粲在荆州登上麦城（在今湖北当阳）城楼，纵目四望，写下了这篇传诵不衰的名赋。这篇赋主要抒写作者生逢乱世、长期客居他乡、才能不得施展，因而产生思乡、怀国之情和怀才不遇之忧，表现了作者对动乱时局的忧虑和对国家和平统一的希望，也倾吐了作者渴望施展抱负、建功立业的心情。

❸她：原书为"他"。后同。

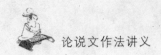

言语活文字来描写他的生活神情。那宋濂集子里的王冕，便成了一个没有生气，不能动人的死人，为什么呢？因为宋濂用了二千年前的死文字来写二千年后的活人，所以不能不把这个活人变作二千年前的木偶，才可合那古文家法。古文家法是活了，那王冕也真作古了。⑮

因此我说，"死文言决不能产出活文学"。中国若想有活文学必须用白话，必须用国语，必须做国语的文学。⑯

这节里⑭是因果论，⑮是例证论，⑯是总结（但前一句是因果论，后一句又是例证论），这可见例证论和因果论关系的密切了。

3. 比喻论　这种证据，说是与断定相类似的事理。例如：

人应该牺牲各人自己的生命为社会服务，好似洋灯应牺牲彼所盛的灯油为黑夜发光一样。

这里以洋灯比人，油比生命，发光比服务社会，这种证据，就是比喻的。现在再引《辩论术之实习与学理》中的一例在这里：

我们所在的地球，与金木水火土五星，可以看出许多相似的地方：五星绕太阳，地球也绕太阳，不过距太阳的远近和周期的长短不同。地球是借太阳的光，五星也是借太阳的光。地球有自转，五星

★　比喻论——这种证据，说是与断定相类似的事理。

之中也有几个我们已经知道有自转，有了自转便与地球一样的有昼夜。地球没有受日光的地方，有月光照耀，五星中也有几个，也有月光照耀。地球运动是依吸力定律，五星运动，也是依吸力定律。地球和五星，我们既知有这许多相似的地方，现在地球既有种种生物，据理推测，焉知五星上没有种种生物呢？……

比喻论与例证论相比较，例证论是从实验或观察所得的法则，推及未知的东西；比喻论是从两件不同的事理的许多类似的特点上推论得到相似的断定。

（A）攀折一植物的枝条，置于桌上，使枝条内部水分消失，便枯萎了；故植物无水则必枯凋。（例证论）

（B）植物好像动物一样，在生活期间，体内必保持一定的水量；若无水，则必阻碍生活的作用。（比喻论）

这是比喻论与例证论不同的例子。

4.记号论 这种证据就是实际的形迹。通常议论多是用这一种。因为这是有实际的记号可以看得见的。例如：

（A）他的面上有手指抓裂的血痕，（记号）可见他是同人打架的。（断定）

（B）今天寒暑表在冰点以下，（记号）一定有

> ★ 比喻论是从两件不同的事理的许多类似的特点上推论得到相似的断定。

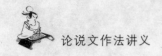

人在池子里滑冰。（断定）

（C）这个学生的身体甚弱，（记号）足见他不喜欢运动。（断定）

（D）学生有在寝室里赌博的，（记号）足见学校管理规则不严。（断定）

这几个例子都是。

记号论与因果论有关系。如前面的例子，都可以说是由结果而推论原因的。所以在这里有一点要注意了。用这类的证据时，要是一个结果只有一个原因的，才算真确可靠。如前（C）例"某学生身体弱"这一个结果，便不止一个原因，除"不喜欢运动"外，还有"素来多病"，或是"用功过度"，皆可为"身体甚弱"的原因。所以这种断定便有点靠不住。这是用记号论作证据时所应注意的。

七　辩论文的种类及范例

辩论文分为五种：（1）主张的，（2）攻击的，（3）辩疏的，（4）评论的，（5）讽刺的。

主张的辩论文，是一种关于思想上或主义上的主张的论文。这种文章是以发表自己的思想主义等使读者完全了解为主旨，所以文中掺和说明文的部分最多。

★ 主张的辩论文，是一种关于思想上或主义上的主张的论文。

96

现在把《减省汉字笔画的提议》(钱玄同❶)和《我的人生观》(仲九❷)这两篇附在后面作为范例。(这两篇里说明文的部分虽然很多,但主张的理由异常的坚强,所以把来收在这一类里。)

攻击的辩论文,又可以叫做反驳文。凡是反对他人的议论或主张,以及矫正他人的见解的错谬等的论文都属于这一类。现在把《偶像破坏论》(陈独秀)与《我之节烈观》(唐俟)这两篇附在后面作为范例。

辩疏的辩论文,是对于攻击或反驳者的一种应战的论文。抓住敌论的要点,或纠正其谬见,或疏释其误解,使反对者的议论完全不能成立。这种文章,在辩论文里应用甚广。现在把《对于中国妇女参政三大疑问的解释》(章锡琛❸)、《男女同学问题的研究》(刘爽),这两篇附在后面作为范例。

评论的辩论文,是一种按照某种标准去批评一般的事物的论文。这种文章的范围最广,凡是关于人物的评论、历史上的评论、美术的评论、文学的评论,以及政治经济等的评论都包括在内。这类范例甚多,这里限于篇幅,但不赘举了。

(附记)关于评论的这一类的文章可参看我和仲九编的《国文读本》第三、第四两编。那里面如《人的

❶ 钱玄同(1887-1939):语文改革活动家、文字音韵学家、中国五四新文化运动的倡导者之一、著名思想家。著有《文字学音篇》《重论经今古文学问题》《古韵二十八部音读之假定》《古音无邪纽证》等。

❷ 仲九:即沈仲九(1887-1968),浙江绍兴人,辛亥革命人物,光复会会员。

❸ 章锡琛(1989-1969):近代出版家、开明书店创办人,代表作有《文学概论》《文史通义选注》《马氏文通校注》《助学辨略校注》等。

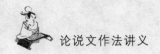
文学》（文学的）、《评非宗教同盟》（宗教的）、《看了罗丹雕刻以后》（人物的艺术的）、《女子经济独立问题的我见》（经济的）等篇都是，教学者可以参看。

讽刺的辩论文，是一种用了诙谐的笔墨去驳辩他人的主张的论文。这种文章，语气虽是讽刺的，但议论仍然庄重。现在把《孙行者与张君劢》❶（胡适之）和《箴洋八股化之理学》❷（吴稚晖）二篇附在后面作为范例。

❶《孙行者与张君劢》：出自《胡适文存二集》卷二。

❷《箴洋八股化之理学》：发表于《晨报副刊》（1923年7月23日）。

◎ 辩论文的范例：

减省汉字笔画的提议

钱玄同

　　前几天，独秀先生对我说："表中国国语的文字，非废去汉字改用拼音不可。"这个意思，我现在是极端赞成的。但是我以拼音文字，不是旦暮之间就能够制造成功的；更不是粗心浮气，乱七八糟把音一拼就可以算完事的。造成拼音文字，第一步是规定语法，第二步是编成字典；有了这两样东西，才能有拼音文字出现。做这两样东西，必须专心一志，仔细研究，经过许多次数的修改，才能完美无缺，可以施行。所以这几年之内，只是拼音文字的制造时代，不是拼音文字的施行时代。加以中国社会的喜欢守旧，反对改良，那么，拼音文字制成以后，恐怕还要经过许多波折，费上无数口舌，才能通行。我以为我们就使讲"一相情愿"的话，这拼音新文字的施行，总还在十年之后。如此，则最近十年之内，还是汉字的时代。汉字的声音难识，形体难写，这是大家知道的；今后社会上一切事业发展，识字的人一天多一天，文字的用处自然也是一天多一天，这也是大家知道。既然暂时还不得不沿用汉字，则对于汉字难识难写的补救，是刻不容缓❶的了。我们断不可存一种心：以为这汉字既然不过十年的命运，就可任其自然，不加改良。要知道若不改良，则汉字阻碍这十年之内的文化发展，其力量甚大。现在试举一

❶ 刻不容缓：片刻不容耽搁。比喻情势紧迫。

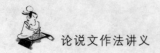

① 楷书：汉字字体的一种，就是现在通行的汉字手写正体字，是由隶书演变而来的。

例。今后学校里的学生抄讲义，是一件很重要的事。现在学生用毛笔在文章格纸上抄楷书①字的讲义的办法，是万万不可再行的了；必须照日本学生的办法，用钢笔在 note book 上抄讲义，教员一句话讲完，学生也跟着写完，这才不至误事。但是用这样抄讲义的法子，这字体必须大大减省，才能缩短写字的时间。这就是字体非减省不可的一个重要证据。

现在对于汉字声音难识的补救，已经有了注音字母了。这注音字母，到了拼音文字已经通行以后，再回头看这种东西，自然是极笨重，极可笑的；可是在现在还不得不沿用汉字的时候，实在是补救汉字缺点的一种重要东西。

至于对于汉字形体难写的改良，即就上面所说抄讲义这件事看来，已可证明这种改良，在现在是需要甚急，非赶紧着手去做不可的了。我是很高兴做这件事的。现在打定主意，从一九二〇年一月起，来做这部书，选取普通常用的字约三千左右，凡笔画繁复的，都定它一个较简单的写法，——那本来笔画简单的，如"一""二""上""下""天""人""尺""寸"等字，自然无须改作；就是在十画以内的字，如没有更简的写法，也可以不必改。照此办法，预计这三千字的笔画，平均总可减少一半。如"錢"字写作"乄"，减十六画为二画；"恭"字写作"恭"，减十画为九画；"執"字写作"执"，减十一画为六画；减得多的和减得少的扯匀了计算，所以说可以减少一半笔画。笔画减少一半，则写字的时间，自然可以缩短一半，况且字体简单，就容易写会，大可减少——或废除——学校里的"习字"科的时间。我那部书，大约有三四个月的工夫，就可以做成。抄用的简体字，大都是固有的，新造的很少。因为新造有两层困难：一则逐字重造，不但麻烦，并且有些字还造不好；二则一个造的字，很难得多数人的同意，用那固有的，则可免争执，推行较易，——况且既有现成的拟体字，拿来应用，岂不省事！不过到了那不得已的时候，也只好仿照那固有的简体字的形式，造上几个新的。现已预计，采旧的有五类，造新的有三类，列之如下：

A. 采取古字：如"围"作"囗"，"胸"作"匈"，"集"作"⿱"。

B. 采取俗字：如"聲"作"声"，"體"作"体"，"劉"作"刘"。

C. 采取草书❶：如"東"作"东"，"為"作"为"，"行"作"彳"。此种须有限制。那彼此笔画联系纠结的草书字，实在不容易写；要是不能拆断的，就不采用。

D. 采取古书上的同音假借字：如"譬"作"辟"，"導"作"道"，"拱"作"共"。此种有时亦须限制。有些借字，在古时候因为和本字同音，所以可以通借，现在两个字音不同了，那就不能通借了。（这是指这个借字在现在常用的说。要是这个借字现在已经不用的，那也就不妨把它的音改读为本字的音，而借为本字用。）又如"譬""导""拱"和"辟""道""共"等字，现在国语里都不单用，已经合成为"譬如""引导""拱手"和"道路""共同"等字音词；（"辟"字在国语里竟不甚用得着："大辟""刑辟"都是古语；"复辟"这句野蛮话，也

❶ 草书：汉字字体名。草书之称，为隶书通行后的草写体，取其书写便捷，故又名草隶。

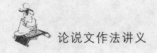

不是常要用着的。)所以"辟如"和"复辟","引道"和"道路","共手"和"共同"虽然同用一字,但是各有各的意义,彼此可以绝不相干,也决不至于误会。要遇到那些本字和借字在国语里都是有单用的,那就不可借用了。

E. 采取流俗[1]的同音假借字:如"薑"作"姜"、"驚"作"京"、"腐"作"付"。"姜"字只有人姓用着它,"京"字只有地名用着它;人姓和地名,都是"托名标志",没有意义的;所以把"姜""京"借为"薑""驚",在意义上是决不会混淆的。"付"字在国文里虽然单用,但是"腐"字在国语里却不单用:如"豆腐""腐败""腐烂""陈腐"都是复音语。那么,"付"和"豆付""付败""付烂""陈付",也是各有各的义,彼此可以绝不相干,也决不至于误会。所以借"付"为"腐",也是可以借得的。

F. 新拟的同音假借字:如"範"作"范","餘"作"余","预"作"予"。这是准照 E 类的办法新拟的。

G. 新拟的借义字:如"旗"作"扺","鬼"作"甶","脑"作"囟"。"扺"本音 ian,"甶"本音 fu,"囟"本音 sin。和"旗""鬼""脑"三字的音不同;但是字义相同。现在"扺""甶""囟"三字已经废弃不用,成为死字了,我们何妨拿来"废物利用"呢?我尝以为象形字本来没有一定的读音。譬如"⊙"字中国古音可以读为 nit,今音可以读为 jih,英人可以读为 sun,日本人可以读为 Hi。因为这字是画了一个太阳,本没有规定的读音记在里面,所以可以随便读它。我主张读"扺""甶""囟"为"旗""鬼""脑",就是这个意思。

　　H. 新拟的减省笔画字：如"厲"作"厉"，"蠱"作"盅"，"襲"字借"袭"，因为"萬"字作"万"，"蟲"字借"虫"，"龍"字借"龙"，所以"厲""蠱""襲"三字援例❶省改。至于那从前有简体的，或曾经借用他字的，那就不用新造了。

❶ 援例：引用惯例或先例。

　　总而言之，抱定唯一的主张曰"减省笔画"。所以无论古今，俗字、本字、借字、楷书、草书，只要合于这个主张的，都可以采取。

　　这种简体字，应该从学校里用起；因为学生写字的时候很多，他们需要简体字很急的缘故，国民学校的学生，从进学校起就用这种新字，无须再认旧字。那大一点的学生，已经认识过好多旧字，可以就他原来"习字"科的时间，改为认新字和练习写新字；以每星期两小时计至多至多不过两年，一定可以完全认得，完全会写，——以后便可以把"习字科"废除。费上一百四十小时的学习，可以得到以后写字的大便利，这实在是很经济的！

　　假如有人以为简体的俗字可以采用；那没有俗字的，只可新造，不可采用古字。那么，我要声明：我主张采用古字，只是因为古字中有好多笔画简单的，我们叫它复活，拿它来用，觉得比较新造省事，——就是新造一个，也不过把笔画改简，其实和用简笔的古体一样，——绝对不含有复古的思想在内。

　　假如有自命为懂得"国故"的人来攻击，我们本不可理；因为我们本不是主张保守"国故"的，我们认定文字是要合用的，不是一成不变的。但是如要对付他们，却很容易，只消把"古已有之"四个字抬出来，就可以堵住他

❶《说文》：中国第一部系统地分析汉字字形和考究字源的字书。许慎著，成于安帝建光元年（121）。原书十四卷，叙目一卷，正文以小篆为主，收9353字，又古文、籀文等异体同文1163字，解释十三万余字。

❷《京本通俗小说》：原书不知何人所编，有人认为是宋元作品，也有人认为是后人伪作古书。卷数、篇数均不详。现存七篇，是缪荃孙在1915年刊印的。

❸《古今杂剧三十种》：即《元刊杂剧三十种》，原为明代文学家兼藏书家李开先的旧藏，清代归藏书家黄丕烈。黄丕烈题为《元刻古今杂剧乙编》。后此书为罗振玉所得。1914年，日本京都帝国大学从罗振玉处把原书借出，请当时著名刻工陶子麟覆刻了一部，题为《覆元椠古今杂剧三十种》。1924年，上海中国书店又将覆刻本照相石印，题为《元刻古今杂剧三十种》。

们的嘴。我现在姑且出几条"策问"来问问他们：——

（1）《说文序》说："李斯……取史籀'大篆'或颇省改，所认'小篆'者也。"这所说的"省改"，不就是减省笔画吗？（不但此也，商朝的《甲骨刻词》，商周两朝的钟鼎款识里，已经有许多简写字了。）

（2）《说文》**❶**中所谓"从某省"，"某省声"，不是减省笔画吗？

（3）周朝的鈢（即玺字），汉朝的砖文，魏齐的造像，以及古钱上所刻的，不是简体字很多吗？

（4）近人翻刻的宋朝的《京本通俗小说》**❷**和元朝的《古今杂剧三十种》**❸**，这两部书里，俗体小写的字不是很多很多吗？

他们如其真懂"国故"的，看了我这几条"策问"，一定不再开口了。假如他们蛮不讲理，以为唯古人可以改省，今人则无此权利，这样颟顸的人，那就绝对不用去理他了。假如他们看了上面的"策问"，莫明其妙，只能抬出《字学举隅》来吓人，那便是八股陋儒、状元、翰林而已，配不上谈"国故"！我们应该可怜他智识浅短，不可和他计较。

这种简体字如其通行，则我以为印刷用的铅字应该完全改铸。铅字笔画的多少，在印刷方面，固然不生时间快慢的问题。但是如其书写用新字，印刷用旧字，则学习的人非认两种字不可；那便闹到求简反繁了。

刻简体字的字模，我以为应该用楷书的笔势，不可用所谓"宋体字"的笔势。因为简体字既采及草书，难保不有几个笔势圆转的字；要是刻成"宋体字"的形式，却太不好看了。

　　我以为简体字既须一一新铸，最好把常用的复音字铸成一个字模以便今后印刷改良，可以逐词分开，如印西洋书之式。（我是主张汉文应该改为横行的，所以以为这种复音字的字模，应该铸成横列的字样。）

　　我以为简体字的字模，最好连着注音字母铸上去，以补汉字声音的缺陷。汉字无论"象形""谐声"，到了汉魏以后，"形"和"声"的功用都已失去，只能当它一个无意识的记号看待。简体字它更不必说。所以无论什么字，都要拿注音字母去补上它的音。好在铅字多些笔画，是不要紧的。简体字加上注音字母，那笔画的多少，不过和现在通行的字相等。但是若沿用现在通行的字印刷，则认字者须认两种字，太不经济；若用简体字加注音字母印刷，则印刷体和书写体一律。在认字方面当然经济，并且因此又可以记得字音。笔画的多少虽然相等，而效用则大不相同了。至于书写，当然无须加注音字母，以图省便。用了这种简体字，字典的分部才能改良。楷书字的分部，本来是极困难的事。《玉篇》和《类篇》，照着《说文》分部，于字义虽合，可是无从检查，当然不适用。《字汇》❶和《康熙字典》❷，别定部居，定者虽自以为便于检查，其实还是很难。所以现在有林玉堂君的《汉字索引制》，想要改用新法来分部。但是现在通行的字，笔画彼此"参伍错综"，林君用最简的点、画、直、钩……来分部，我觉得还是不甚适用。若把笔画改简了，再去掉许多小画，短直和横斜的笔势，则林君的方法，大可应用了。

——《新青年》

❶《字汇》：字书，14卷。中国明代梅膺祚编。此书依据楷体，将《说文解字》部首简化为214部。按子、丑等地支分为12集。部首和各部中字，又按笔画多少顺序排列。共收33179字。除古书中常用字外，还收有许多俗字；收僻字不多。注音先列反切，后注直音。解释字义通俗易懂。其编排体例，即偏旁分部检字法，一直为后世《正字通》《康熙字典》等所遵循，成为中国字典、词典主要编排方式之一。此书为明代至清初最为通行之字典，《康熙字典》出，遂隐没不显，《四库全书总目》且不为著录。

❷《康熙字典》：张玉书、陈廷敬等三十多位著名学者奉康熙圣旨编撰的一部具有深远影响的汉字字书。该书的编撰工作始于康熙四十九年（1710），成书于康熙五十五年（1716）。

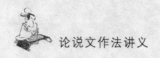

我的人生观

仲 九

（一）

人生观与改造　近几个月来，社会上改造的呼声很高，凡是杂志的言论，团体的组织，几乎没有不涉及改造二个字。但是改造的事业很复杂：就性质而论，有道德的、习惯的、政治的、法律的、思想的种种改造；就范围而论，有世界的、国际的、社会的、家族的、个人的种种改造。这样复杂的改造事业，究竟从哪里着手呢？据我看来，一切的事业，都是根据人生观而来的。有怎样的人生观，才有怎样的事业。所以要改造一切事业，必先改造人生观。人生观不改造，就不晓得改造为什么，改造应怎样，哪里会去改造呢？不但自己不肯改造，而且要反对别人的改造；即使不反对，但是不是盲从，就要附会❶；和反对改造，同一妨碍改造的。所以我以为要改造，必先从改革人生观入手。

人生观是什么？　人生观是什么？就是对于"人是什么""做人为什么""做人应该怎样"三个问题的明了的答案。这种问题，可以说是最浅近的，也可以说是最高深的。我们都是一个人，我们哪一日不做人。既然要做人，对于人的物质和做人的道理，无论乞丐、大总统，没有一个不应该知道的，所以我说这问题是很浅近的。但是我们虽然是一个人，虽然天天做人，实在能够明白做人的理由的，却是很少；因为我们做人，根据习惯的居多，究竟如此做人，合不合人生的真义，大概没有明确的观念。因为

❶ 附会：原书为"傅会"。后同。

这种缘故，所以古今许多学问家，都要直接间接解决这人生问题，学说很多，没有定论，所以我说这个问题是很高深的。

我不得不假定一种人生观 我自己毫无学问。对于哲学宗教，简直不懂，哪里配讲人生观的大问题呢？但是我虽然没有讲人生观的能力，我却有明白人生观的必要；因为我是一个人，我是要做人的，我不能一天不做人，我不能一天没有人生观。而且人生观和改造有很大的关系，我虽然不能有根据学理的人生观，我不能不有比根据习惯好些的人生观。因为这个缘故，所以不得不假定一种人生观，作为做人的趋向，改造的方针。但是我的假定人生观，无非根据我脑中零碎的知识，把关于人生观的见解，夹杂搜集起来，作一统合的解释；所以不是创造的，不是系统的，就是不是根据学理的。我既然自认为假定，所以又是一时的，不是永久的。我因为现在不明白人生观和想解决人生观的人，实在很多，所以特把我的一时的，没有系统的，不是创造的人生观，写出来和读者诸君商量。

★ 但是我虽然没有讲人生观的能力，我却有明白人生观的必要；因为我是一个人，我是要做人的，我不能一天不做人，我不能一天没有人生观。

（二）

生物的特征 现在先讲"人是什么"一个问题。要讲这个问题，不可不明白生物的特征和人的特征；因为人是进化的生物，所以具有和生物共通的性质，和人类特具的特质。明白这两种特征，就可以晓得人是什么。世界万物，可分作生物、无生物两大类。这两大类的关系，还没有确定的学说：有许多科学家，以为生物是从无生物进化而来的；有许多科学家以为生物不是从无生物进化而来

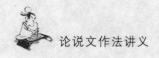
的。我现在对于这个问题，姑且不说，只说生物是无生物的最大分别，就是说生物的特征。

生物的特征一　　生物的第一种特征是什么呢？就是——

目的

无论哪一种生物，没有一个不要求生存或生活的。有要求就有目的，有目的就要活动。这种活动，可以叫做"目的的活动"。以活动达目的，为目的而活动；活动和目的，是互有因果关系的。无目的的活动，都是无生物的活动，像山崩、地烈、水流、火燃，都依着古今不变的定例，哪里有什么目的呢？至于植物的呼吸、开花、结实，动物和人类的饮食、睡眠等种种活动，都是要实现"生"的要求所以都有目的。这"生"的要求，就是生物比较最高的目的。

生物的特征二　　生物的第二种特征，就是——

自动

这自动二个字，是自己活动没有静止的意思，其中含有二种性质：一，是靠自己活动；二，是为自己活动。生物都具有固有的能力；有属于生理的，有属于心理的，这种能力，都是维持生命的要素；所以生物都要尽量去发挥它。因为各种能力，都要发挥，所以发生"分化"的作用；这就是靠自己的活动的性质。生物的活动，虽然要发挥它的固有能力，但是它的发挥，无非为达到自己生存的目的。生物的能力很复杂，一方面虽各自发挥，一方面仍然有相互的联络，共趋向一共同的目的。因为同趋向一目的的缘故，所以发生"统一"作用，这就是为自己活动的

★ 无论哪一种生物，没有一个不要求生存或生活的。有要求就有目的，有目的就要活动。

性质。"分化"和"统一"是不能分离的，"为分化而统一"，"为统一而分化"。"分化"和"统一"协同一致，遂能成一"有机体"。所谓有机体者，就是联合各种能力以达到一种目的的生存体，就是保持分化作用的统一关系的生存体。生物愈进化，分化的作用愈复杂，统一的作用愈强大。

生物的特征三　生物的第三种特征，就是——

适应

生物是不能离环境而生存的，所以对于环境的势力，有很密切的关系。它们遇着环境的势力，当然要发生一种活动；或者变化自己的固有习惯，去适合于环境；或者依着自己的固有习惯，去变化环境，使它适合自己；都是叫做适应。对于物质的势力，可以常用变化环境的活动；对于生物和社会的势力，应该常用变化自己的活动。自己的目的，生物和社会的情状，都是变迁很多很速的；若只晓得依着一定的固有习惯；去应付它，要达到生存的目的，是很难很难的。大都生物程度的高低，和适应力的强弱，成一种正比例。高等的生物，适应力愈强；低等的动物，适应力愈弱。

生物的特征四　生物的第四种特征，就是——

进化

生物的第一种特征，在有目的的活动，我前已说过了。我以为生物又有一种特征就是它的目的、它的活动，是无限的。它们虽然为目的而活动，但是达到一目的以后，又有新目的发生；有新目的又有新活动，这样继续发生新目的、新活动，生物自身的内容，才能不绝地丰富

★ 生物是不能离环境而生存的，所以对于环境的势力，有很密切的关系。

扩大；生物自身的期间，才能无穷地增长永久。这几句话，若总括起来，可以说是生物在时间上、空间上的发展，就是我所谓"进化"。"进化"和"变化"不同；变化是过去状态的反复，固定规律的动作；进化是过去状态的改造，更善目的的实现。无生物只有"变化"，生物始有"进化"。

生物是什么? 以上所说目的、自动、适应、进化四种特征，可以总括起来叫做"生命"。这四种特征，都可以看做生命的本质，是不能缺乏一种的。所以就生物的特征一方面说起来，可以说是——

生物是有生命的东西。又可以说是——

生物是有目的、能自动、能适应、求进化的东西。

但是生物又不能离了物质，所以也具有和无生物共通的东西，这种共通的东西，不外体、相、质、力。把体、相、质、力，和生物的特征，合并起来，就可以定一个"生物是什么"的答案。这个答案，就是——

生物是具有一定的体、相、质、力和生命的东西。或者可以说是——

生物是具有体、相、质、力而且有目的、能自动、能适应、求进化的东西。

人的特征 人的特征，最大的只有一种，就是——

自觉

自觉的意义，就是自己知自己，是人类所特具的。动物虽然也能活动，也有感觉，但不晓得活动的感觉的是哪一个；所以它们只知认识外界，不能认识自己。这就是人和动物最大的区别。人的自觉，约有三种。第一，是人格

★ 自觉的意义，就是自己知自己，是人类所特具的。

的自觉，就是晓得我自己的身体状态如何，精神的作用如何，身心联合的人格有如何价值；第二，地位的自觉，就是要晓得我自己和非我的关系如何，非我的现状如何，我自己对非我处如何的地位；第三，趋向的自觉，就是晓得自己活动进行的方向，我们知自己的人格和地位，就是知现在的自己，但是我们又要知过去的自己，我们又要根据过去的自己现在的自己，理解将来的自己应该怎样，这就是趋向的自觉。以上三种自觉，都是人的特征。世界事业，都要从自己做起。所以很可靠的，唯有自己，若自己还没有晓得自己，那么，他的行动，也和醉梦一样，还有什么价值呢？所以我们人类，应该认自觉是很重要的。我们虽然不能人人自觉，但人人有自觉的可能性。根据这可能性，努力去促进人己的自觉，这是我们大家的责任。

除了自觉以外，其他目的、自动、适应、进化四种可能性，都和生物相同。不过人的目的，是明了的目的，不是盲目的目的；人的自动，是意志的自动，不是感觉的自动；人的适应，是主动的适应，不是被动的适应；人的进化，是急激的进化，不是迟缓的进化；所以可能性虽然相同，程度的高低，却是相去很远。这种程度的相差，不仅人和生物如是，就是人和人，也是必不能免的。但是程度相差的缘故，就在于自觉的有无，和自觉的发达不发达。能自觉自然有明了的目的、意志的自动、主动的适应、急激的进化，所以人是——自觉的生物。

人是什么？　我现在把人的特征和生物的特征综合起来，对于"人是什么"的问题，下一个答案如下：

人是具有体、相、质、力和生命而且能够自觉的东西。

★ 世界事业，都要从自己做起。所以很可靠的，唯有自己，若自己还没有晓得自己，那么，他的行动，也和醉梦一样，还有什么价值呢？

或者可以说是：

人是具有体、相、质、力和明了的目的、意志的自动、主动的适应、急激的进化，而且能够自觉的东西。

中国人的反省　我国人试各自反省，对于以上所说的人的特征，果能发挥吗？现在大多数人的行动，无非根据旧习惯，他们以为从前怎样做，大家怎样做，我就怎样。……

（三）

"生"的欲望　现在要研究"人为什么"一个问题了。研究这个问题，要从永久的普遍的人着想，就是不要限定一时的一国的一阶级的人。我以为大多数人的缘故，无非为了一个"生"字。无论哪一个人，都是"喜欢生活""要生活""想好端端地生活"的。试把"人为什么"一个问题，去征求各个人答案，恐怕大多数所同意的，就是为"喜欢生活"，为"要生活"，为"想好端端地生活"三件事。这三件事，若用简括的话说起来，就是"好生""求生""善生"。因"好"生"求"，因"求"生"善"，因"善"又生"好"，是互为因果的。但这"好""求""善"的发生，因为想从不满足而得满足，——如果已经满足，哪里还会"好"，哪里还要"求"，哪里还有"善"？——所以可以总括一句，叫做欲望。"好生""求生""善生"，无非是"生的欲望"。这种欲望，是一切欲望的根源；人群的组织，人类的活动，以及一切文明文化，没有一件不从此发生的。若"生的欲望"消灭，那生活就要消灭，恐怕人类也就要消灭了。所以"生的欲

★ "好生""求生""善生"，无非是"生的欲望"。这种欲望，是一切欲望的根源；人群的组织，人类的活动，以及一切文明文化，没有一件不从此发生的。

望"，实在是生活的动力，若问"人为什么"，可以作一答案曰："为生的欲望"。

"生"的欲望的内容　人类的欲望，是无量数的，生的欲望不过根本的欲望，若不把其余部分的欲望，仔细观察一番，于生的欲望的内容，就不能有明确的观念。所以我现在要把无数部分的欲望当中，再捕捉几种根本的——生的欲望，又可以叫做"根本中的根本的欲望"——欲望，来做生的欲望的内容。这种欲望，据我看来，约有六种：

1. 生存欲　生存欲是保存自己个体和自己种族的欲望，是属于肉体一方面的居多。其中最重要的，就是"食欲"和"色欲"；这二种欲，是人类和生物所共有的。生存欲若要详细分别起来，可以分作三端：①关于衣、食、住的种种需要；②自己身体的强健和久存；③满足自然的性欲。这种欲又可叫做肉体欲。

2. 自由欲　自由欲是排除束缚，自然发展自己的能力去得到各种要求的欲望，属于精神一方面的居多。在智的一方面，要思想有尽量的活动；在情的一方面，要情感有适当的表现；在意的一方面，要行为有充分的自决：总之，无非要把情、智、意三种作用，各得自由发达。这自由欲又可以叫做精神欲。

3. 社会欲和个人欲　个人和社会不能相离。没有个人，固然不能组成社会，但是没有社会，个人也不能生存。就物质论，个人住的、穿的、食的，和其余一切需要的东西，都要靠共同的工作，互相供给的，决不是个人可以做得来的；就精神论，思想、道德、学问，都要靠言文的交通，互相灌输的，决不是个人可以增进的。社会对于

★ 个人和社会不能相离。没有个人，固然不能组成社会，但是没有社会，个人也不能生存。

113

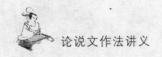

个人的关系，既然这样重要，所以个人对于社会，自然而然地发生一种欲望。这种欲望可分二种：第一，要得社会同情的欲望；第二，要得社会互助的欲望。有第一种欲望，同类的意识，才会发达；有第二种欲望，公同的织组，才能完备。但此所谓社会欲，是含世界的大社会而言。和社会欲相对的欲望，可以叫做个人欲，或阶级欲。

4. 理想欲和现实欲　人类因为对于现在的状态，发生不满足的感念。于是常常悬想一胜于现在，现在不能实现的状态。这种悬想未来的欲望，可以叫做理想欲；理想欲是想像的未来的。智识愈发达，理想欲愈发达；理想欲愈发达，进化也愈急激。但是理想和空想不同：空想是荒唐怪诞的，理想是切于事实的；空想是不能实现的，理想是含有可能性的；空想是非理的，理想是合理的：这是理想和空想的区别。和理想欲相对的欲望，叫做现实欲。

一致的欲望　以上六种欲望，都是"生"的欲望的一部分；若只发达几部分的欲望，那是不能满足"生"的欲望的。所以要满足"生"的欲望，必求各种欲望，有一致的发展，就是要使各种欲望，互相辅助，去完满"生"的大欲望；这就可以叫做一致的欲望。各种欲望，都是互有关系，不能偏废的：精神是肉体的精神，内体是精神的肉体，社会是个人的社会，个人是社会的个人，理想是现实的理想，现实是理想的现实。明白这种关系，才可以满足一致的欲望。

以上所说满足一致的欲望，我以为是应该的，是能够的，而且是大家情愿的。现在大多数人，都只愿满足一部分的欲望，实在因为没有"生"的自觉的缘故。对

* 空想是荒唐怪诞的，
理想是切于事实的。

114

于"生"没有自觉，就不能理解"生"的内容，所以把"生"的一部分，看做"生"的全体，只顾发展一部分的欲望了。

人为什么？　照以上所说的看起来，"人为什么"的答案，可以解决如下：

为"精神和肉体""社会和个人""理想和现实"相一致的欲望。就是——

为"生"的欲望。

以上所说的欲望，是就做人的动机一方面而言。若就做人的目的而论，究竟为什么要满足欲望呢？——就是欲望的目的——无非是为得快乐。所以得快乐是人类共通的目的。快乐的种类，也可分为精神的、肉体的、社会的、个人的、理想的、现实的，六种。"最大"的快乐是各种快乐俱❶足的快乐。这俱足的快乐，和一致的欲望，不过因为观察点不同的区别，其实是二而一，一而二的。从做人的目的一方观察，"人为什么"的答案，就是——

为精神的、肉体的、社会的、个人的、理想的、现实的，各种快乐俱足的快乐。

精神肉体俱足的快乐，不是偏于肉体的动物快乐，也不是偏于精神的精神快乐，是内容极丰富的快乐，可以叫做圆满的快乐。

社会个人俱足的快乐，并不是一个人、一阶级、一社会的快乐，是世界社会的快乐，是人类全体的快乐。人不能离社会，离人类，所以全人类和全社会不能得快乐，个人决不能得快乐的。个人社会俱足的快乐，是大家公共求得，公共享受的快乐，就是普及人类的快乐，可以叫做普

❶ 俱：原书为"具"。后同。

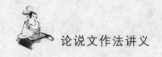

遍的快乐。

理想现实俱足的快乐，是要把现实的快乐，看作理想的快乐的过程；一方面求现实的快乐，一方面和理想的快乐渐渐相近。这种快乐，是无限时间的快乐，可以叫做永久的快乐。

从以上三端而论，"人为什么"的答案，又可照以前所说的：换一句话讲，就是——

为人类圆满的、普遍的、永久的快乐。

这一种快乐，真是最大的快乐，好像不是一个人可以求得的。因为一个人是缺陷的、局部的、一时的，若要去求那人类圆满的、普遍的、永久的快乐，仿佛要无穷的久，无涯的远，是很难的。但是缺陷中、局部中、一时中，都含有圆满的、普遍的、永久的可能性。全体人类，离不了个人；无数缺陷的、局部的、一时的个人若共用全力趋向这人类圆满的、普遍的、永久的快乐，虽然不能达到，但是一定可以渐渐相近。而且我们个人时时须受时间空间的影响，人类全体，若有一人不快乐，或者有一日不快乐，我个人也一定觉得有苦痛；所以要得我个人的最大快乐，必须要谋人类圆满的、普遍的、永久的快乐。以上二种意思，一则是说明这种快乐的可能，二则是说明这种快乐的必要。除此二者以外，还有一种理由，就是个人是要死灭的，是有限的，人类是无限的。我为了这种快乐，我自己个人的快乐，虽然消灭，我所供给于人类的快乐，但使人类不灭，终是永存的。所以人类圆满的、普遍的、永久的快乐，可以说是人生最后的鹄的❶，最高的价值。我们应该不绝地趋向这鹄的，要求这价值，才不失为一个人。

❶ 鹄的：箭靶的中心；练习射击的目标。

116

社会欲不发展的缘故呢？②由于科学不发达，不能免种种自然的灾害，就是不能去生存的阻力，是不是由于精神欲不发展的缘故呢？③由于强权的压迫，财奴的侵掠，就是没有生存的机会，是不是因为社会欲没有发展的缘故呢？④由于一时的纵欲，就是生存欲的过度，是不是因为没有理想欲的缘故呢？照以上情形看来，要满足生存的欲望，必须满足其他的欲望，否则是不能的。至其他欲望的相互关系，可以依此类推，但我所谓满足欲望，都指各个人而言，并不是专指一个人。我于是断定现在人类社会苦痛的原因如下：

做人为缺陷的、特殊的、一时的快乐。就是：——
做人为肉体的、个人的，或阶级的、现实的快乐。

我们试一观察现在的世界军国主义、资本主义、家族主义、男权主义，差不多是一切苦痛的根本；但是哪一个不从以上所说的原因而来呢？我们要免人类社会的苦痛，要先改造"人为什么"的旧观念。

（四）

做人方法的改造 "人为什么？"是做人的目的；"怎样做人？"是做人的方法。我们现在做人的方法，都是根据旧目的成的。我以上所说的人的目的，既然和旧目的不同，那做人的方法，当然要有更改。所以我们做人，当先从改造入手。改造的手续，一方面要改造新自我，一方面要改造新社会。

新自我的要素 新自我的要素有四种：

1. 工作 我所谓工作，是指用自己的体力，作成有

* 改造的手续，一方面要改造新自我，一方面要改造新社会。

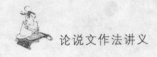

益人类的一种事业。我们物质上需要的材料，除使用机械以外，大都须直接用劳力做成功的。从前的生活，因为要满足物质的需要，只晓得从"私有"方面用力；只要把需要的材料，能够储蓄起来，就不患缺乏了。不过"私有"的东西，哪一个不是从工作而来的？假使人人只顾"私有"，不愿工作；试问这"私有"的东西，从哪里发生呢？况且工作系利用自然物，是无限制的，是彼此相辅相成的；"私有"是有限的，是彼此相争相害的。旧生活的根据，就在"私有"上面。我们的新生活，应该从"私有"解放出来，去向工作一方面进行。要晓得工作和智识、道德种种人生关系，要晓得工作神圣的价值。我们要为工作而工作，要为互助生活而工作，不要为"私有"而工作。旧自我可说是"私有"的自我，新自我可说是工作的自我。

2.创造　创造是为破坏旧生活，实现新要求而发生的精神活动。能创造，精神才能自由发展。我国人的精神生活，是因袭的生活；所以一切活动，都是守旧的、奴性的、专制的、简单的、停滞的，束缚重重，简直说不到自由两个字。此后的新生活，应该力除因袭的积习，从创造一方面进行。创造的要素有二：①打破习惯、道德、法律、思想、制度种种固蔽；②须有怀疑、观察、思辨、实验的种种研究，自然的趣向，和抵抗诱惑反对努力。旧自我可说是因袭的自我，新自我可说是创造的自我。

3.博爱　以前的人类，实际上虽然依赖许多人共同生活，才能生存；但他们自己没有晓得这个道理。所以他们对人，简直不晓得"爱"字。有许多人对于妻子好像很

★ 能创造，精神才能自由发展。

120

有爱情；据我看来，他们爱他的妻子，因为妻子和他们有利益的缘故，和爱物一样，哪里可以称真正的爱呢？真正的爱，必定是尊重人格的，是一律平等的。尊重人格，一律平等的爱，才可以称为博爱。能博爱自然有和悦的态度、诚恳的言语、协同的行动、团结的训练、真实的交际，就得互助的效果。旧自我可说是争竞的自我，新自我可说是博爱的自我。

4.牺牲　牺牲是情愿失一种欲望去求得他种欲望的一种行为。所求的欲望愈大，所失的欲望愈多。世间一切事业，要把理想变为现实，都非牺牲不可。理想越高，要实现越难，牺牲越大。但是牺牲的行为，足以引起人类对于理想的注意和研究，足以坚固人类对于理想的信仰，足以激动人类对于理想的同情，足以辅助人类对于理想的猛进。所以牺牲是实现理想的最紧要的东西。不实现理想，不能有进步；不牺牲，不能实现理想。从前的生活，都是苟安旦夕的生活，丝毫不肯牺牲的。所以旧自我可说是苟活的自我，新自我可说是牺牲的自我。

以上四种要素，都是可以看做满足欲望的方法；以工作满足生存欲，以创造满足自由欲，以博爱满足社会欲，以牺牲满足理想欲；那各种欲望，都可以有充分的发展。但这几句话，就是各种要素中的大概而论，其实各种要素，各种欲望，都是互有关系；因为欲望既然是一致的欲望，不能分离，那达到欲望的手段，当然须互相联络的。

新社会的要素　新社会的要素有四种，就是：

1.自由的　新社会的组织，一定要凭各个人良心，自由集合起来，用大家的能力，谋大家的快乐；个人的地

★ 真正的爱，必定是尊重人格的，是一律平等的。

位，一律平等，不但无贵族阶级、资本阶级，就是智识阶级，也不应该存在的。所以种种政治、法律、宗教、习惯、强权的束缚，要解放得干干净净。旧社会可叫做强权的社会，新社会可叫做自由的社会。

2. 公产的　新社会的经济组织，要大家各尽所能，大家各取所需。劳动的结果，由劳动者公共享用。至于私有财产制度，当完全打破。旧社会可说是私产的社会，新社会可说是公产的社会。

★ 科学应用的利益，就在利用自然物的质力，去替代人类的劳力，减少自然的障碍，增进身心的娱乐。

3. 共同的　新社会的组织，只有个人和社会。个人和社会的中间，像家庭国家，都是要破除的。这种社会，凡是教养的、交通的、卫生的、娱乐的、衣食的，各种机关，都是由个人共同经营，为共同的利益的。所以对于以前各个人各自为谋，只图片面的利益的社会比较起来，旧社会是寄生的社会，新社会是共同的社会。

4. 科学的　我所谓科学，是指科学的应用而言。科学应用的利益，就在利用自然物的质力，去替代人类的劳力，减少自然的障碍，增进身心的娱乐，近几十年来，西洋人民，因科学发达而受很大的苦痛。但这种苦痛的发生，并不在于科学本身的不好，在于误用科学。科学的本身，和人生是有很大的利益的。所以新社会的科学应用，必定须很发达，这种社会，和我国现在迷信神权，完全受自然支配的社会比较起来，旧社会是神秘的社会，新社会是科学的社会。

怎样做人?　我于是根据新自我、新社会的要素，下一"怎样做人"的答案如下：

做人要改造工作的、创造的、博爱的、牺牲的新自我和自由的、公产的、共同的、科学的新社会。

就理论上讲，有新自我，才可造新社会，所以我们应该先改造我们自己，成一新社会的新分子；但是就实际而言，没有新社会，新自我又很难完全改造，所以二者当同时并进。有新自我，有新社会，才能产生新生活。所以对于"怎样做人"一个问题，又下一简单的答案如下：——

做人要改造新生活。

改造的手续　改造的手续有二种：

1.思想的改造　一切事实的改造，都要从思想发生的。我们要改造自我，改造社会，不可不先打破关于旧自我、旧社会的思想，造成新自我、新社会的思想。这种改造的思想，要具明、确、深、切四种条件：明是洞烛全体，不是一知半解的；确是毫无疑义，不是游移不定的；深是彻底了解，不是浮光掠影的，切是看做必要，不是依违两可的。有明、确、深、切的"改造的思想"，才能实行改造的事实；否则所谓"改造的思想"，无非当作一口头禅的材料，和改造是没有关系的。至于思想改造的方法，约有二种：——

（1）研究　对于旧思想，当取批评的、破坏的态度；对于新思想，当取决择的、建设的态度。我以前所说新自我、新社会的要素，不过表示新生活的趋向，但是很粗疏很广泛的。我们对于新社会、新自我，究竟应该怎样改造？改造的理由怎样？改造的利害怎样？改造的方法怎样？改造的具体计划怎样？我们自己，都不可不有明确深切的观念，所以不可不详细研究。研究的方法，凡是阅书、观察、思索、讨论、调查、实验，都可以应用的。这

★　有新自我，有新社会，才能产生新生活。

123

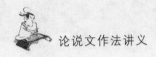

种研究的方法，可以看做个人思想的改造。

（2）宣传　宣传是把我自己研究所得的结果，传播社会，是改造社会的思想的一种方法。宣传方法，可分教育撰译、杂志、新闻、讲演四种。

2.实际的改造　实际的改造，要有奋斗、猛进、坚忍三种要素。至于改造的方法，可分个人、社会两方面而言：

（1）个人　个人的改造，要从下列四事着手：

a.要实行工作的生活。消极的不做官吏、军警、资本家等大盗，积极的做农或做工。

b.要实行创造的生活。消极的打破尊孙崇古等种种约束，积极的养成科学头脑……。

c.要实行博爱的生活。消极的要破除家庭、国家、阶级和其他种种蔑视人格不平等的习惯制度；积极的组织亲爱社会，实行互助。

d.要实行牺牲的生活。消极的不顾一身一家的名利和权望；积极的主张公理，扑灭强权。

（2）社会　社会的改造可分二种：

a.组织小社会。集合同志，组织理想的小社会，实行新生活。

b.破坏大社会。先用群众的公开的精神的运动，抵抗强权，破坏私产，然后联合无数小社会，组织大社会。

改造的必要　我以上所说的改造方法，无论老的、小的、女的、男的，凡是一个人，都是应该实行，没有什么国界、职业、两性、年龄的区别的。所以我们如果要做一

★ 实际的改造，要有奋斗、猛进、坚忍三种要素。

个人，我们不可不依着改造的方法，努力去做。无论在什么时候，在什么地方，遇着什么事情，都应该有改造的精神和改造的事实。

（五）

结论　"人是什么""人为什么""怎样做人"三个问题，我都已说过了。我现在再把以前所说过最紧要的意思，用简括的话结束起来，写在下边：——

改造人生，必先改造人生观。

做人应该促进自觉，改造新生活，以谋人类圆满的、普遍的、永久的快乐。

做人应该人人求学、做工、担任教育、扑灭强权、改造社会。

——《教育潮》

偶像破坏论[1]

陈独秀[2]

"一声不做，二目无光，三餐不吃，四肢无力，五官不全，六亲无靠，七窍不通，八面威风，九（音同久）坐不动，十（音同实）是无用。"这几句形容偶像的话，何等有趣。

偶像何以应该破坏，这几句可算说得淋漓尽致了。但是世界上受人尊重，其实是个无用的废物，又何只偶像一端？凡是无用而受人尊重的，都是废物，都算是偶像，都

[1]《偶像破坏论》：原载 1918 年 8 月 15 日《新青年》第 5 卷第 2 号。

[2] 陈独秀（1879-1942）：《新青年》杂志的创办人，"五四"时期提倡新文化运动的主要人物。中国共产党的创始人和早期领导人。

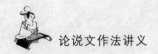

应该破坏！

世界上真实有用的东西，自然应该尊重，应该崇拜；倘若本来是件无用的东西，只因人人尊重他，崇拜他，才算得有用，这班骗人的偶像倘不破坏，岂不教人永远上当么？

泥塑木雕的偶像，本来是件无用的东西；只因有人尊重他，崇拜他，对他烧香磕头，说他灵验，于是乡愚无知的人，迷信这人造的偶像真有赏善罚恶之权，有时便不敢作恶，似乎这偶像却很有用。但是偶像这种用处，不过是迷信的人自己骗自己，非是偶像自身真有什么能力；这种偶像倘不破坏，人间永远只有自己骗自己的迷信，没有真实合理的信仰，岂不可怜！

古代草昧❶初开的民旅，迷信君主是天的儿子，是神的替身，尊重他、崇拜他，以为他的本领与众不同，他才能居然统一国土。其实君主也是一种偶像，他本身并没有什么神圣出奇的作用；全靠众人迷信他、尊重他，才能够号令全国，称作元首，一旦亡了国，像此时清朝皇帝溥仪，俄罗斯皇帝尼古拉斯二世，比寻常人还要可怜。这等亡国的君主，好像一座泥塑木雕的偶像抛在粪缸里，看他到底有什么神奇出众的地方呢？但是这等偶像，未经破坏以前，却很有些作怪；请看中外史书，这等偶像害人的事还算少么！事到如今，这等不但骗人而且害人的偶像，已被我们看穿，还不应该破坏么？

国家是什么？照政治学家的解释，越解释越教人糊涂。我老实说一句，国家也是一种偶像。一个国家，乃是一种或数种人民集合起来，占据一块土地，假定的名

❶ 草昧：蒙昧；世界未开化的时代。

称；若除去人民，单剩一块土地，便不见国家在哪里，便不知国家是什么。可见国家也不过是一种骗人的偶像，他本身并无什么真实能力。现在的人所以要保存这种偶像的缘故，不过是借此对内拥护贵族财主的权利，对外侵害弱国小国的权利罢了。（若说到国家自卫主义，乃不成问题；自卫主义，因侵害主义发生，若无侵害，自卫何为？侵害是因，自卫是果。）世界上有了什么国家，才有什么国际竞争；现在欧洲的战争，杀人如麻，就是这种偶像在那里作怪，我想各国的人民若是渐渐都明白世界大同的真理，和真正和平的幸福，这种偶像就自然毫无用处了。但是世界上多数的人，若不明白他是一种偶像，而且明白这种偶像的害处；那大同和平的光明，恐怕不会照到我们眼里来！

　　世界上男子所受的一切勋位荣典，和我们中国女子的节孝牌坊❶，也算是一种偶像；因为功业无论大小，都有一个相当的纪念在人人心目中；节孝必出于施身主观的自动的行为，方有价值；若出于客观的被动的虚荣心，便和崇拜偶像一样了。虚荣心伪道德的坏处，较之不道德尤甚；这种虚伪的偶像倘不破坏，却是真功业真道德的大障碍。破坏！破坏偶像！破坏虚伪的偶像！吾人信仰，当以真实的、合理的为标准，虚伪的偶像倘不破坏，宇宙间实在的真理和吾人心坎儿里彻底的信仰永远不能合一。

　　　　　　　　　　　　——《独秀文存》

❶ 节孝牌坊：古时经官府奏准为表扬节妇孝女而立的牌坊。牌坊，流行于宋代而盛于清朝。

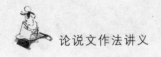

我之节烈观

唐 俟❶

"世道❷ 浇漓❸，人心日下，国将不国"，这一类话，本是中国历来的叹声。不过时代不同，则所谓"日下"的事情，也有变迁。从前指的是甲事，现然叹的或是乙事。除了"进呈御览"的东西不敢妄说外；其余的文章议论里，一向带这口吻。因为如此叹息，不但针砭世人，还可以从"日下"之中，除出自己。所以君子固然相对慨叹，连杀人放火嫖妓骗钱以及一切鬼混的人，也都乘作恶余暇，摇着头说道："他们人心日下了。"

世风人心这件事，不但鼓吹坏事，可以"日下"；即使未曾鼓吹，只是旁观，只是赏玩，只是叹息，也可以叫它"日下"。所以近一年来，居然也有几个不肯徒托空言的人，叹息一番之后，还要想法子挽救。第一个是康有为❹指手画脚地说虚君共和才好；陈独秀便斥他不兴。其次是一班灵学派❺的人，不知何以起了极古奥的思想，要请"孟圣矣乎"的鬼来画策；陈百年❻、钱玄同、刘半农❼又道他胡说。

这几篇驳论，都是《新青年》里最可寒心的文章。时候已是二十世纪了。人类眼前，早已闪出曙光。假如《新青年》里，有一篇和别人辩地球方圆的文字；读者见了，一定发怔。然而现今所辩，正和说地体不方相差无几。将时代和事实，对照起来，怎能不教人寒心而且害怕？

近来虚君共和是不提了，灵学似乎还在那里捣鬼。此时却又有一群人，不能满足，仍然摇头说道，"人心日

❶ 唐俟：鲁迅的另外一个笔名，主要用于《新青年》杂志上。

❷ 世道：社会风气。

❸ 浇漓（jiāo lí）：指社会上人情刻薄冷淡。

❹ 康有为（1858-1927）：清末维新运动领袖，1898年戊戌变法领导者之一。

❺ 灵学派：1917年10月，俞复、陆费逵等人在上海组织灵学会，1918年1月刊行《灵学丛志》，提倡迷信与复古。

❻ 陈百年：名大齐，浙江海盐人，曾任北京大学教授。

❼ 刘半农（1891-1934）：江苏江阴人，曾任北京大学教授。曾积极参加五四新文化运动。

下"了，于是又想出一种挽救的方法，他们叫做"表彰节烈"❶！

这类妙法，自从君政复古时代❷以来，上上下下，已经提倡多年；此刻不过是竖起旗帜的时候。文章议论里，也照例时常出现，都嚷道"表彰节烈"！要不说这件事，也不能将自己提拔，出了"人心日下"之中。

节烈这两个字，从前也算是男子的美德。所以有过"节士""烈士"的名称。然而现在的"表彰节烈"，却是专指女子，并无男子在内。据时下道德家的意见，来定界说。大约节是丈夫死了，决不再嫁，也不私奔；丈夫死得愈早，家里愈穷，她便节得愈好。烈可是有两种：一种无论已嫁未嫁，只要丈夫死了，她也跟着自尽；一种是有强暴污辱她的时候，设法自戕，或者抗拒被杀，都无不可。这也是死得愈惨愈苦，她便烈得愈好。倘若不及抵御，竟受了污辱，然后自戕，便免不了议论。万一幸而遇着宽厚的道德家，有时也可以略迹原情，许她一个烈字。可是文人学士，已经不甚愿意替她作传；就令勉强动笔，临了也不免加上几个"惜夫惜夫"了。

总而言之，女子死了丈夫，便守着；或者死掉。遇了强暴，便死掉。将这类人物，称赞一通，世道人心便好，中国便得救了。大意只是如此。

康有为借重皇帝的虚名，灵学家全靠着鬼话，这表彰节烈，却是权都在人民，大有渐近自力之意了。然而我仍有几个疑问，须得提出。还要据我的意见，给它解答。我又认定这节烈救世说是多数国民的意思；主张的人，只是喉舌。虽然是它发声，却和四肢五官神经内脏，都有

❶ 表彰节烈：1914年3月，袁世凯颁布旨在维护封建礼教的《褒扬条例》，规定"妇女节烈贞操，可以风世者"，给予匾额、题字、褒章等奖励；直到"五四"前后，报刊上还常登有颂扬"节妇""烈女"的纪事和诗文。

❷ 君政复古时代：指袁世凯阴谋称帝时期。当时袁世凯御用的筹安会"六君子"之一刘师培曾在《中国学报》第一、二期（1916年1、2月）发表《君政复古论》一文，鼓吹恢复帝制。

129

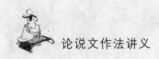

关系。所以我这疑问和解答，便是提出于这群多数国民之前。

首先的疑问是：不节烈（中国称"不守节"作"失节"，不烈却并无成语，所以只能合称它"不节烈"。）的女子，如何害了国家？照现在的情形，"国将不国"，自不消说。丧尽良心的事故，层出不穷，刀兵、盗贼、水旱、饥荒，又接连而起。但此等现象，只是不讲新道德、新学问的缘故，行为思想，全抄[1] 旧帐；所以种种黑暗，竟和古代的乱世仿佛。况且政界、军界、学界、商界等等里面，全是男人，并无不节烈的女子夹杂在内。也未必是有权力的男子，因为受了他们蛊惑，这才丧了良心，放手作恶。至于水旱饥荒，便是专拜龙神，迎大王滥伐森林，不修水利的祸祟，没有新智识的结果；更与女子无关，只有刀兵盗贼，往往造出许多不节烈的妇女；但也是兵盗在先，不节烈在后，并非因为她们不节烈了，才将刀兵盗贼招来。

其次的疑问是：何以救世的责任全在女子？照着旧派说起来，女子是阴类，是主内的，是男子的附属品。然则治世救国，正须责成阳类，全仗外子，偏劳主体。决不能将一个绝大题目，都搁[2] 在阴类肩上。倘依新说，则男女平等，义务略同。纵令该担责任，也只得分担。其余的一半男子，都该各尽义务，不特须阴去强暴，还应发挥他自己的美德。不能专靠惩劝女子，便算尽了天职。

其次的疑问是：表彰之后，有何效果？据节烈为本，将所有活着的女子，分类起来，大约不外三种。一种是已经守节，应该表彰的人。（烈者非死不可，所以除出。）一

[1] 抄：原书为"钞"。后同。

[2] 搁：原书为"阁"。后同。

种是不节烈的人。一种是尚未出嫁，或丈夫还在，又未遇见强暴，节烈与否未可知的人。第一种已经很好，正蒙表彰，不必说了。第二种已经不好，中国从来不许忏悔，女子做事一错，补过无及，只好任其羞杀，也不值得说了。最要紧的，只在第三种。现在一经感化，她们便都打定主意道："倘若将来丈夫死了，决不再嫁；遇着强暴，赶紧自裁！"试问如此立意，与中国男子做主的世道人心，有何关系？这个缘故，已在上文说明。更有附带的疑问是：节烈的人，既经表彰，自是品格最高。但圣贤虽人人可学，此事却有所不能。假如第三种的人，虽然立志极高；万一丈夫长寿，天下太平，她便只好饮恨吞声，做一世次等的人物。

以上是单依旧日的常识略加研究，便已发见了许多矛盾；若略带二十世纪气息，便又有两层：

一问节烈是否道德？道德这事，必须普遍。人人应做，人人能行。又于自他两利，才有存在的价值。现在所谓节烈，不特除开男子，绝不相干；就是女子，也不能全体都遇着这名誉的机会。所以决不能认为道德，当作法式。上回登出的《贞操论》❶里，已经说过理由。不过贞是丈夫还在，节是男子已死的区别，道理却可类推。只有烈的一件事，尤为奇怪，还须略加研究。

照上文的节烈分类法看来，烈的第一种，其实也只是守节，不过生死不同。因为道德家分类，根据全在死活，所以归入烈类。性质全异的，便是第二种。这类人不过一个弱者，（现在情形，女子还是弱者。）突然遇着男性的暴徒，父兄丈夫力不能效，左邻右舍也不帮忙。于是她就死

❶《贞操论》：日本女作家与谢野晶子作，译文刊登在《新青年》第四卷第五号（1918年5月）。文中列举了在贞操问题上的种种相互矛盾的观点与态度，同时指出了男女在这方面的不平等现象，认为贞操不应该作为一种道德标准。

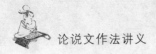

了，或竟受了辱，仍然死了；或终于没有死。久而久之，父兄丈夫邻舍，夹着文人学士以及道德家，便渐渐聚集。既不羞自己怯弱无能，也不提暴行如何惩办。只是七口八嘴，议论她死了没有？受污没有？死了如何好，活着如何不好。于是造出了许多光荣的烈女，和许多被人口诛笔伐的不烈女。只要平心一想，便觉不像人间应有的事情，何况说是道德。

二问多妻主义的男子，有无表彰节烈的资格？替以前的道德家说话，一定是理应表彰。因为凡是男子，便有点与众不同，社会上只配有他的意思。一面又靠着阴阳内外的古典，在女子面前逞能。然而一到现在，人类的眼里，不免见到光明。晓得阴阳内外之说，荒谬绝伦；就令如此，也证不出阳比阴尊贵，外比内崇高的道理。况且社会国家，又非单是男子造成。所以只好相信真理，说是一律平等。既然平等，男女便都有一律应守的契约。男子决不能将自己不守的事，向女子特别要求。若是买卖欺骗贡献的婚姻，则要求生时的贞操，尚且毫无理由。何况多妻主义的男子，来表彰女子的节烈。

以上疑问和解答都完了。理由如此支离❶，何以直到现今，居然还能存在？要对付这问题，须先看节烈这事，何以发生，何以通行，何以不生改革的缘故。

古代的社会，女子多当作男子的物品。或杀或吃，都无不可；男人死后，和他喜欢宝贝，日用的兵器，一同殉葬，更无不可。后来殉葬的风气，渐渐改了，守节便也渐渐发生。但是大抵因为寡妇是鬼妻，亡魂跟着，所以无人敢娶，并非要她不事二夫。这样风俗，现在的蛮人社会

❶ 支离：分散；残缺；没有条理。

里还有。中国太古的情形，现在已无从详考。但看周末虽有殉葬，并非专用女人，嫁否也任便，并无什么裁制，便可知道脱离了这种习俗，为日已久。由汉至唐，也没有鼓吹节烈。直到宋朝，那一班"业儒❶"的才说出"饿死事小，失节事大❷"的话。看见历史上"重适❸"两个字，便大惊小怪起来。出于真心，还是故意，现在却无从推测。其时也正是"人心日下，国将不国"的时候，全国士民，多不像样。或者"业儒"的人，想借女人守节的话，来鞭策男子，也不一定。但旁敲侧击，方法本嫌鬼祟，其意也太难分明，后来因此多了几个节妇，虽未可知；然而吏民将卒，却仍然无所感。于是"开化最早，道德第一"的中国，终于归了"长生天气力里大福荫护助里"的什么"薛禅皇帝，完泽笃皇帝，曲律皇帝"了。此后皇帝换过了几家，守节思想倒反发达。皇帝要臣子尽忠，男人便愈要女人守节。到了清朝，儒者真是愈加利害。看见害人文章里有公主改嫁的话，也不免勃然大怒道："这是什么事！你竟不为尊者讳，这还了得！"假使这唐人还活着，一定要斥革功名❹，"以正人心，而端风俗"了。

　　国民将到被征服的地位，守节盛了；烈女也从此着重。因为女子是男子所有；自己死了，不该嫁人，自己活着，自然更不许被夺。然而自己是被征服的国民，没有力量保护，没有勇气反抗了。只好别出心裁，鼓吹女人自杀或者妻女极多的阔人，婢妾成行的富翁，乱离时候，照顾不到；一遇"逆兵"，或是"天兵"就无法可想。只得救了自己，请别人都做烈女。变成烈女，"逆兵"便不要了。他便待事定以后，慢慢回来，称赞几句。好在男子再娶，

❶ 业儒：以儒为业，指那些崇奉孔孟学说，提倡封建礼教的道学家。

❷ 饿死事小，失节事大：宋代道学家程颐的话，见《河南程氏遗书》卷二十二："又问：'或有孤孀贫穷无托者，可再嫁否？'曰：'只是后世怕寒饿死，故有是说。然饿死事极小，失节事极大！'"

❸ 重适：再嫁。

❹ 斥革功名：科举时代，应试取中称为得功名；有功名者如犯罪，必先革去功名，才能审判处刑。

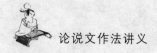

❶ 钱谦益（1582-1664）：
字受之，号牧斋，晚
号蒙叟，东涧老人。
明末清初著名散文家、
诗人。代表作有《初
学集》《有学集》《投
笔集》等。

又是天经地义，别讨女人，便都完事。因此世人遂有了"双烈合传""七姬墓志"；甚而至于钱谦益❶的集中，也布满了"赵节妇""钱烈女"的传记和歌颂。

只有自己不顾别人的民情，又是女应守节男子却可多妻的社会；造出如此畸形道德，而且日见精密苛酷，本也毫不足怪。但主张的是男子，上当的是女子。女子本身，何以毫无异言呢？原来"妇者服也"，理应服事于人。教育固可不必，连开口也都犯法。她的精神，也同她体质一样，成了畸形。所以对于这畸形道德，实在无甚意见。就令有了异议，也没有发表的机会。做几首"闺中望月""园里看花"的诗，尚且怕男子骂她怀春，何况竟敢破坏这"天地间的正气"？只有说部书上，记载过几个女人，因为境遇上不愿守节。据做书的人说：可是她再嫁以后，便被前夫的鬼捉去，落了地狱。或者世人个个唾骂，做了乞丐，也竟求乞无门，终于惨苦不堪而死了！

如此情形，女子便非"服也"不可。然而男子一面，何以也不主张真理；只是一味敷衍呢？汉朝以后，言论的机关，都被"业儒"的垄断了。宋元以来，尤其厉害。我们几乎看不见一部非业儒的书，听不到一句非士人的话。除了和尚道士，奉旨可以说话的以外，其余"异端"的声音，决不能出他卧房一步，况且世人大抵受了"儒者柔也"的影响，不述而作，最为犯忌。即使有人见到，也不肯用性命来换真理。即如失节一事，岂不知道必须男女两性，才能实现。他却专责女性。至于破人节操的男子，以及造成不烈的暴徒，便都含糊过去。男子究竟较女性难

134

惹，惩罚也比表彰❶为难。其间虽有过几个男子，实觉于心不安，说些室女不应守志殉死的平和话。可是社会不听；再说下去，便要不容，与失节的女人一样看待。他便也只好变了"柔也"，不再开口了。所以节烈这事，到现在不生变革。

（此时，我应声明：现在鼓吹节烈派的里面，我颇有知道的人。敢说确有好人在内，居心也好。可是救世的方法是不对，要向西走了北了。但也不能因他人好，便竟能从正西直走到北。所以我又愿他回转身来。）

其次还有疑问：

节烈难么？答道，很难。男子都知道极难，所以要表彰她。社会的公意，向来以为贞淫与否，全在女性。男子虽然诱惑了女人，却不负责任。譬如甲男引诱乙女，乙女不允，便是贞节，死了，便是烈；甲男并无恶名，社会可算淳古。倘若乙女允了，便是失节；甲男也无恶名，可是世风被乙女败坏了！别的事情，也是如此。所以历史上亡国败家的原因，每每归咎女子。糊糊涂涂地代担全体的罪恶，已经三千多年了。男子既然不负责任，又不能自己反省，自然放心诱惑；文人著作，反将他传为美谈。所以女子身旁，几乎布满了危险。除却她自己的父兄丈夫以外，便都带点诱惑的鬼气。所以我说很难。

节烈苦么？答道，很苦。男子都知道很苦，所以要表彰她。凡人都想活；烈是必死，不必说了。节妇还要活着。精神上的惨苦，也姑且弗论。单是生活一层，已是大宗的痛楚。假使女子生计已能独立，社会也知道互助，一人还可勉强生存。不幸中国情形却正相反。所以有钱尚

❶ 表彰：表扬并嘉奖。

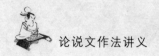

可，贫人便只能饿死。直到饿死以后，间或得了旌表，还要写入志书。所以各府各县志书传记类的末尾，也总有几卷"烈女"。一行一人，或是一行两人，赵钱孙李可是从来无人翻读。就是一生崇拜节烈的道德大家，若问他贵县志书里烈女们❶的前十名是谁，也怕不能说出。其实她是生前死后，竟与社会漠不相关的，所以我说很苦。照这样说不节烈便不苦么？答道，也很苦。据社会公意，不节的女人，既然是下品；她在这社会里，是容不住。社会上多数古人模模糊糊传下来的道理，实在无理可讲；能用历史和数目的力量，挤死不合意的人。这一类无主名无意识的杀人团里，古来不晓得死了多少人物；节烈的女子，也就死在这里。不过她死后间有一回表彰，写入志书。不节烈的人，便生前也要受随便什么人的唾骂，无主名的虐待。所以我说也很苦。

女子自己愿意节烈么？答道，不愿。人类总有一种理想，一种希望。虽然高下不同，必须有个意义。自他两利固好，至少也得有益本身，节烈很难很苦，既不利人，又不利己。说是本人愿意，实在不合人情。所以假如遇着少年女人，诚心祝赞她将来节烈，一定发怒；或者还要受她父兄丈夫的尊拳。然而仍旧牢不可破。便是被这历史和数目的力量挤着。可是无论何人，都怕这节烈。怕它竟钉到自己和亲骨肉的身上。所以我说不愿。

我依据以上的事实和理由，要断定节烈这事：是极难，极苦，不愿身受，然而不利自他，无益社会国家，于人生将来又毫无意义的行为，现在已经失了存在的生命和价值。

❶ 们：原书为"门"。后同。

136

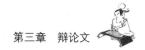

临了还有一层疑问：

节烈这事，现代既然失了存在的生命和价值；节烈的女人，岂非白苦一番么？可以答他说：还有哀悼的价值。她们是可怜的人；不幸上了历史和数目的无意识的圈套，做了无主名的牺牲。可以开一个追悼大会。

我们追悼了过去的人，还要发愿：要自己和别人都纯洁聪明勇猛向上，要除去虚伪的脸谱，要除去世上害己害人的昏迷和强暴。

我们追悼了过去的人，还要发愿：要除去于人生毫无意义的苦痛。要除去制造并赏玩别人苦痛的昏迷和强暴。

我们还要发愿：要人类都受正当的幸福。

————《新青年》

★ 要自己和别人都纯洁聪明勇猛向上，要除去虚伪的脸谱，要除去世上害己害人的昏迷和强暴。

对于中国妇女参政三大疑问的解释

章锡琛

妇女参政这一个问题，到了现在，早已成为世界的大势，不是议论是非的时代了。所以虽在世界上进步最缓的中国，从最近的妇女参政运动发生以后，反对的论调，在我们的耳中，也已经难得听到；但是其中却还有三种最有力的反对论，就是：（一）中国现在妇女的实力，能否参政？（二）中国现在的妇女的意志，是否都愿参政？（三）像中国现在政局的混乱妇，女宜否参与？这三层疑问，我们可以解释之如下：

（一）中国现在妇女的实力能否参政？关于这一个问

题，我们在解答以前，必先问中国现在的男子，是否都具有确能参政的实力。我想提出这疑问的人，对于我这反问，断不敢完全否认的。但他们或者可以说，中国现在的男子虽然未必个个都能具有参政的实力，然而具有参政实力的男子，总要比女子多得远。这一句话，我们也不能不认为事实。但照这样说法，也只是人数多少的问题，并不是能力有无的问题。男子里面，有许多没有参政能力的男子存在，无碍于男子参政，那么，女子里面，也有许多已有参政能力的女子存在，当然也应该认许女子参政的。

况且，我们只应该问女子是否应该参政，不必问女子有无参政的能力。如果因为女子没有参政的能力，不许女子参政，女子不是永远不能参政了吗？乔治（W. L. George）在《妇女与明日》上说得好：“我不信妇女是配有选举权的；惟其如此，所以我主张妇女必须有选举权。”照乔治的意见，以为妇女所以没有参政的能力，都因为向来被排斥在政治圈以外的缘故。所以如果把参政权给予了妇女，妇女自然会有参政的能力；而且要希望妇女有参政的能力，也只有给予妇女参政权一法，这样说来，以妇女为没有参政的实力，不但不能当作反对妇女参政的理由，反是主张妇女应该参政的理由了。

（二）中国现在妇女的意志愿否参政？在发这疑问的人，以为现在中国要求参政的女子，只是最少数的女子，就是在这少数的女子中，有几个也不过是一种趋时髦的举动，未必个个都愿意参政。这种论断，我们也认为有一部分的理由，但断不能为了这理由而反对女子参政。对于政治不发生兴味的女子，在今日的中国，固然很多很多；然

★ 男子里面，有许多没有参政能力的男子存在，无碍于男子参政，那么，女子里面，也有许多已有参政能力的女子存在，当然也应该认许女子参政的。

而在男子方面怎样呢？许多不识字及无知的下层社会的男子，固然不识政治为何物；就是好称知识阶级里的男子，对于政治尚且抱着无关心的态度，以不谈政治为高尚，厌谈政治为热心，何况是素来被排斥在政治圈外的女子呢？

就各国已往的事实考证起来，英国从一八六七年到一八八四年，赞成参政的女子有三百万人之多；各国实行参政以后，行使选举权和放弃选举权的男女数额，大略相近，我们怎能断定中国的女子便不及别国的女子；而中国的男子却可以与别国的男子相颉颃呢？

况且只要女子参政的原则可以成立，她们的愿否参政，本属无关。久受束缚的女子，当然没有发展的意志；为了她们意志的不发达，便说她们仍该束缚下去。这样的理由，可以成立的吗？

（三）中国现在的政局妇女应否参与？中国现在的政治界，确是混沌极了。无论从事实际政治的官吏、议员，或在政治界上奔走运动的政客、政论家，几乎找不到一个高尚清白的人；一经投身政治的漩涡中，差不多不免同流合污。那么，妇女参与政治，将来的成绩，也不过这样罢了，有什么益处呢？但是不良的政治我们应袖手旁观，等它自己改良起来呢，还是应该亲身加入，共同用力去把它改良呢？还是我们从别方面下手去促它改良呢？不良的政治，是否能影响到别方面呢？我们略一省察，便晓得不能以政局不良为妇女不必参与政治的理由了。

据一部分妇女主义者的意见，以为历来政治的污浊，都因为男子专权所致，女子参政以后，一定能够使政局清明；德国布达赫（Burrdach）在《实验知识学的生理学》

＊　况且只要女子参政的原则可以成立，她们的愿否参政，本属无关。

上，历举古来的许多女王，作为女子比男子适于政治的证据。这种话有时虽也不免过分，然据福绥特女士（M. J. Fawcott）在"妇女参政"上所举新西兰及澳洲等处妇女参政实行以后的成绩，确是非常优良，我们又怎能断定中国的女子决不能有益于中国政治前途呢？

况且妇女参政，并不是个个女子都要去做官吏做议员；她们一方面固然有可以做官吏、议员的机会，一方面更可以不必做官吏、议员，仍然照常从事各自的职业，却有权可以选举或监督议员及官吏。那么，当然也不必有什么"同流合污"的杞忧了。

总而言之，我们须先问妇女参政的原则，能否成立，其余一时的现象或偶然的情形，都不成什么问题。目前世界各国，对于这妇女参政的一个原则，都早已完全承认，所以别的枝节问题，当然也没有疑虑的必要了。

——《时事新报》❶

男女同学问题的研究

刘 爽

一 绪言

我国变法以来，这些自由、平等、男女平权的西洋新空气，就渐渐弥漫了全国。就是穷巷僻壤的妇女也被空气所震荡，都改变了她们的思想。比方在十几年以前，若对乡下缠足的妇女说："你的脚是……应该放的。"她们不但

❶《时事新报》：前身为1907年12月5日在上海创刊的《时事报》和1908年2月29日创刊的《舆论日报》。前者主编是汪剑秋，后者主编是狄葆丰。两报于1909年合并，定名为《舆论时事报》。1911年5月18日改名《时事新报》，由汪诒年任经理。清末时，是资产阶级改良派报纸，宣传立宪政治。是中国资产阶级右翼党团关系密切的私营报纸。

不信这"脚应该放"的话，还要说是侮辱她们的体面。因为她们的小脚，同那专制国的皇权一样，是神圣不可侵犯的东西，不许他人随便拿它来说的。现在却不是这样了；这不是此种空气弥漫了全国的铁证吗？

近几年来，国内明白人，就知道这妇女问题，是非早一点儿安排它不可；而且想到要解决这个问题，非先从男女受平等教育下手不可；欲使受同等教育，又非男女共同教育不可。于是乎这男女同学的呼声，就一天高起一天，遂成了教育界的一个重大的问题。所以去年十月在山西开全国教育联合会就一把男女共学的议案通过。现在北京大学已经开了女禁，收了王兰等数女士去做旁❶听生；而燕京男校、协和女校（校址都在北京）两个大学紧接着就要合并了。

❶ 旁：原书为"傍"。后同。

这么看起来，这男女共学的事情，到了现在，似乎就可说是不成问题了。但一般办教育的人和那些无知识的家庭，还是抱着十分怀疑的态度，在那里大张反对的论调。这篇文就要把反对和主张二方面的理由，简单地解答一下，但解答得对不对，我也不敢定，不过把它提出来，大家讨论罢了。

二　反对方面的理由

（一）

男女各有应尽的天职。若男女共同教育，是使女子背弃天职。这种说法，就是中国从古代传下来的那种"男事于外，女事于内"的迷梦。可分二方面解说：一方面说：

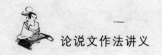

男子生来就有天赋的"事于外"之职，女子生来就有天赋的"事于内"之职，所以男外女内，是不可相混的。一方是说：男子身体壮健，适于外部的操作；女子躯体柔弱，适于内部的操作，所以男女所受的教育，不应该一样。

第一个理由，根本上不能成立，盖男外女内，是社会上偶然的事，实不是"天经地义"，永远不变的原则。拿偶然的事实，当作一定的天职，未免近于迷信；所以不必置辩。况且这种思想，就是社会上一切阶级制度的发源地，像那古代的奴隶制度，和日本、印度两国自古到今的阶级制度，不都是这种思想的出产物吗？

第二个理由虽然有研究的必要，但体质的强弱，究竟不足以定内外的分别。不用说，这内外的界限，是很难确定的；就是确定，这外部的事，也不是女子绝对不能做的；比方我国内地各省的女子，若在田间操作；美国的教育事业，如各种社会事业，差不多都操在女子手里。内部的事，也不是男子绝对不能做的；比如烹调、缝纫如一切家政，若男子做起来，恐怕比女子还要好些罢。

由这看来，这男外女内，是不成什么问题，那么就使男女受共同的教育，敝同等的事业，也没有什么背弃天职不背弃天职。

（二）

男女共同教育，则社会内部的事业，将无人去做。这是说：女子所受的教育，只要能做贤妻（家政）良母（育子）就够了，不必使她们研究高深的学问；若使和男子一样去研究高深的学问，她们就要好高骛远❶，不肯去担那

❶ 好高骛远：不切实际地追求过高的目标。

些琐碎的家政，和那复杂的育儿事业了。所以社会上一定要有一部分事业，因而荒废了。

贤妻良母，是不是女子教育的终极目的，暂且不去论。但无论什么事业，若学识高深的人去做，总要比学识浅陋的人做得好些；所以要得贤妻良母，也非使女子受高深的教育不可。比方杜威博士的夫人，可算是研究高深学问的了。但她帮助杜威所做的事，都是浅学妇女所梦想不到的。她所抚育的女孩子，也是很有名的女学士。这么看起来，有大学问的女子，不但是肯去做贤妻良母！而且她所做的贤妻良母都是普通贤妻良母所不能做到的。

就使女子受了高深教育之后，不肯去做那琐碎的烦难的事业，那事业也不会荒废的。为什么呢？因为社会如果到了那个时候，一定会有一部分人，专去做那琐碎的烦难的事业——家政和育子——的。这或者也是社会进程上应有的现象，也不必断断以为不可。再说这劳工神圣的呼声，一天比一天高，或者将来学识越高深的人，越发觉得劳工是应该的，是很有趣味的、很有价值的，也未可知。

所以男女受同等的高深教育之后，不但不能荒废社会上的事业，还能因而越发整理，越加振兴呢？

（三）

女子智力柔弱，不能和男子受同等的学科，这是说：女子的智力体力，都很软弱；若使和男子受同等的学科，将过劳生病，有违于教育的目的。

女子的心理生理两方面，稍异于男子，倒是人人都承认的。但就心理方面言之：和男子不同的地方，不过是

★ 但无论什么事业，若学识高深的人去做，总要比学识浅陋的人做得好些；所以要得贤妻良母，也非使女子受高深的教育不可。

感情意志；若智力不但不比男子弱，恐怕还要比男子强些呢？例如北京高师附小的优等生，若拿人数比较，还算女子为多；美国各男女合班的大学中优秀分子，也是女占多数：这都是女子的智力不比男子弱的实证。

再就生理方面言之：女子体育的发达，从十二三岁以后，就渐渐和男子有了差别，教育者是不能不注意的。但这种差别，是很小的，不致有碍于求学；盖既不是病人，虽体格稍弱，也无妨于智力的发展。且男女共学，因形式精神各方面的观摹感化，又能使女子觉悟其身体的缺点，而生锻炼培养心。

我们由这就可以说：女子的智识，不但不足为和男子受同学科的累，且因和同学，越发有益于她们的智识。

（四）

男女的性质不同，嗜好不同；使受相同教育，是蔑视女子的个性。这是说：男子富智力，女子富感情；同一学科，男女的嗜好兴味各不相同；如同学历史，男爱英雄豪杰，女爱贤母名媛；故男女必须分教，以适合于个性；若共教，则抹杀女子的个性。

知情意的作用，男女本没有二样，所差不过强弱的程度耳；反以男女的心理，可说是大同而小异。拿这小异，说主张分教，未免是挂一漏万。况知情意的差别，不但男和女有，就是男和男，女和女的中间，谁能说没有差别呢？俗语说："人心之不同，各如其面。"若这么说起来，男子也非个个别别地教育不可。

嗜好和兴味虽根于感情性质，而思想习惯和环境，也都和嗜好兴味有绝大的关系。如乡农子弟，对于地理、农林、牧畜等科有兴味；官僚的子弟，对于政治、法律、历史等科有兴味。管仲说："士之子恒为士，农之子恒为农。"也就是说：人的嗜好兴味，常为思想习惯的环境所左右。

女子爱贤母名媛，所以较爱英雄豪杰为强的；也是她们的思想、习惯、环境和将来的希望，还都不能逃出贤妻良母的圈套。从前中国的女子对于缠小脚，有绝大的嗜好和兴味；今日再使天足的女子，看有缠好了小脚，一定要禁不住笑。倘使中国的女子看见欧美的女子做的那些社会事业，恐怕她们所爱的，又不在贤母名媛，而在为社会国家服务，能独立自尊的女大人物了。这就和她们今日爱小脚，不像前些年那么甚，是一样的。

由这看来，这男女共同教育，不是蔑视女子的个性，是尊重女子的人格，解放他们的束缚的；简单说，就是给女子一个相当的机会，使她们尽力发展她们的个性，脱出那思想习惯和环境的牢狱。

★ 简单说，就是给女子一个相当的机会，使她们尽力发展她们的个性，脱出那思想习惯和环境的牢狱。

（五）

男女共学，将有男子尽化为女性之患。这是说：女性的感化力甚大，而男子很容易受感化；所以男女共学以后，恐怕男子尽成女性化，因而生出灭种弱国的大危险。

这个问题，是反对派很注意的；可分三段答他。1.男女共学，男子是不是能够成为女性化；2.男子成女性之后，有什么利害；3.教育者的注意。现在把它一一地回答在下边：

1.男女共学的目的：一方是提高女子的人格；一方也是使两性调和发达，养成完满的人格。绝不是使两性，把各自一切的现象，不论好坏，都要坚持不放；也绝不是使一性特昌，一性消灭。况人的个性，虽有环境以传其枝叶；究以遗传为其根蒂。这种根蒂，就是怎样好的教育，也不能把它变改；而说合时离的男女共学，就能把它完全改替，实在是不通的话。若果然能够改替，为什么那从小到老，和他的母、姊、妻、妹、女、孙女等，在一块生活的人，就见哪一个成了女性化呢？所以这女性化的事实，简直说是不能或有的。有人说"美国的男子，就有点女性化的趋势"。说这话的人，真是少见多怪的很。为什么呢？因为他一定是：受奴隶的待遇（对于高于他的说）、持魔王的态度（对于低于他的说）惯了，一旦看见那持自由、平等、博爱精神的美国人就当是受女性化的毒了：这不是少见多怪吗？

若照他这样说：像我们中国今日的学生，差不多都是面黄体弱，几乎没有一个人的精神躯干，不在病态之中的样子；也就可以说是受了女性化的毒了。但我们的确知道这种现象，是因为教育者，只知在实质知识方面填鸭；而对于能装这实质的形式（官能）方面毫不过问，而发生的。所以他这种说法，实在是靠不住的，是少见多怪的。

2.让一步说，假使女性化是能有的事；而它的利害，也是很难说的。我想也不一定就是不好；比方我们普通常识："美国尚和平，近于女性；德国尚勇武，近于男性。"但究竟是近于女性，有自由平等，同胞物与精神的民族好呢，还是近于男性，有蔑视世界，唯我独尊气概的民族好呢？我想若以人类幸福作前提，恐怕还是前一个好些罢。

3.我们虽然不承认个人的根本性质，能因共学而改变；却倒承认这环境的能力，能增减后天的习性的。所以办学的人，一定要注意两性调和，不使其习性远偏于一面。换句话说就是：办学的人，须处处留意，合两性各抛掉他的不好的习性，而取异性的好处来补充。

（六）

受共同教育，将失去男女的个性，而减少男女间结婚的兴味。减杀个性，是男女共学，能有的事。但这种减杀，乃各以因有的个性为主，而少受相互的感化。就是：男得女之柔，女得男之刚，而起调和作用罢了。绝不至失其个性的本质；所以这种减杀个性，适足以帮助教育，达它的终局目的。

人类结婚的兴味，是本着生活进化的原质来的自然现象。若人类因共同教育，就能失去结婚的兴味，则一般群居的下等动物，早当绝其族类，何以至今而尚繁呢？所以若说：因共同教育，能把那些野蛮、强迫、被动、不自然、不人道的旧式结婚打破则可；若说因此就失了结婚的兴味，未免不值一笑。

★ 人类结婚的兴味，是本着生活进化的原质来的自然现象。

（七）

男女间的道德难维持，这是说：男女儿童在十四五岁以前共学尚无大危险；若十四五岁以后的男女，日夕在一个学校里头生活，容易诱引他们生理上的自然冲动，生出不道德的行为；因而不利于学校的进行——社会反对。

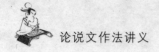

这个理由，就是各国的反对共同教育的，也都拿它当个最重要的理由。而况这数千年来，就不承认女子有人格，把她终身囚到那变形的大牢狱——家庭——中的我国呢。所以这个理由，在我国反对男女共学的理由中，自然也算是一个最有力量的。

这男女的肉欲行为，是不是道德上的问题，暂且不论。世界上男女分别最严的民族，除掉印度恐怕就是我国的汉族——满、蒙、回、藏大不同于汉族——所以我国古来就有什么"男女有别""男女授受不亲""兄弟媳妇不见大伯""姐夫不见小姨"那些鬼话。由这看来，我国的女子，应当个个都是"冰清玉洁"了；但是一到各大都市，不但公妓成街，私娼满巷；就是强奸私奔的事，恐怕隔不上二天，也要有一次，而乡村里头，这私通奸杀的事情，若全国统计起来，每天也不知要有多少次呢！可见这种事，不是一味防范可以免的。

男女间不合理肉欲行为，虽然大部是由于生理的关系；也有一部分是由于好奇心。这种不合理的肉欲行为，和不正当的好奇心，都是由于智识浅狭的结果。换句话说：就是由于女不知男，男不知女，男以遇女为佳会，女以遇男为荣幸，所以一旦相遇，既无自治和鉴别的能力，哪能够不荡检❶呢？若男女共学，日夕接触，彼此相知既深，自发畏敬之念，互以人格相尊重，精神相敬爱；所以这种卑鄙不合理的行为，自然就不会发生。虽在中学时代，知识幼稚，情欲特别发达，较为危险；若办学的人，处置得当，也不会有什么大不了的危险。

❶ 荡检：谓行为放荡，不守礼法。

148

三　主张方面的理由

（一）

节省经费。振兴教育事业的要素，大约可以说是人才❶一层，虽然也有困难，究竟不像经济那么甚。就是欧美富庶的国家，他们的教育事业，也往往被经济限制，不能达圆满的目的。各国——美国从小学到大学。其余各国的小学及中学——采用男女制度的原因，虽是很多；而这经济问题，总算是一个最大的原因。我国今日的小学事业，尚在幼稚时代，所有的学校，尚不能容纳全国学龄儿童数的百分之一；而无省无县，不感教育经费的困难。男校尚且如此，女校的发达，正不知须等到什么时候。所以就我国今日的经济状况观之，非采共同教育制度，男女绝无教育平等的希望。若在这样经济状况的下边，还去主张男女分教，简直和不许女子受教育一样，若男女共学，学生的担负可少，办学的经费也可减轻。这减轻经费的事，在表面上看之，似乎不关重要；但切实说来，实在是女子教育的生死关系。

❶ 人才：原书为"人材"。后同。

（二）

提高女子程度，将来可担任社会上一部分事业，而尤有益于女子的社会事业。社会上种种事实，渐由男子包办的形式，变为男女共办的形式，所以不但普通的社会事业，一天比一天多；就是关于女子一部分的社会事业，也渐渐地发生了不少。这许多的事业，若只靠男子去包办，不但有揽权的色彩，恐怕还有些事业，办不到彻底的地

149

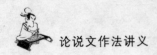

方。所以有许多社会事业——如幼稚园、孤独院、小学教员、看护病人、邮电、电话等——都是使女子去办为最适当；而关于女子社会事业——如女子教育、女子劳动、女子生殖、女子卫生、女子体育等问题——更以女子去办理解决，为比较的可以彻底。共同教育，就是增长女子独立创造的心思能力，以期将来出了学校，就是脱离男子的扶助，作单独的行动。

★ 共同教育，就是增长女子独立创造的心思能力，以期将来出了学校，就是脱离男子的扶助，作单独的行动。

（三）

打破歧视男女的习惯。重男轻女之风，无论哪个民族，它的风俗史上一定都有这一段的记载。比方古时各民族，都拿女子当作商品，相买卖相抢夺，现在的东洋女子没有承继和参政的权，西洋女子不许有参政选举和被选权：都是它的例。

但到了今日，世界上各大民族，已经有一部分觉得这是人类的污点，极想法子把它除掉；所以瑞、法、英、美等国已经渐渐地允许女子有选举参政、被选举等权了。这男女共学，就是除掉这个污点的最好方法。在共学以前，女子以谓男子有什么特能，天生来就有驾驭女子的特权；男子以谓女子得天独薄，生来就没有谋生的能力，和男子是绝对不同的。既共学之后，才知道男女并没有怎么大的差别，不过生理上差有不同，都有谋生的能力，没有什么天然高低的阶级；于是乎，男忘女为柔弱无用，女忘男为神圣万能，不过以为都是人罢了。

（四）

养成女子的独立心，减少男子轻看女子的心。我国男女间的关系，不但男子拿女子当作自己的附属品，就是女子也以附属品自居；所以女子的生活，全为男子所左右，甚至生死的权也操在男子的手里。今日男女平权之说，虽洋洋溢乎全国，而一般男女，犹执迷不悟，以为女子固宜附属寄生也，男子固宜垄断包办也。这种病根，一日除不尽，就是我国一日脱不掉半身不遂的病态，要除这种病根，非讲通男女间的迷梦不可；要想使它们讲通，最好就是男女共同生活，共同操作；养成女子独立的能力，使女子习知男子的真相，男子了然女子的真相。然后女子不但不肯以附属品自居，且能养成其独立自尊的心志；男子自然也承认女子的本能，尊重她的人格。

（五）

精神上的感化。男女一同听讲，一同下操，一同游戏，在起头的时候，男女的出处语默，一定谨慎；久而久之，就习为故常，于无形之中，受了许多的感化。这种感化，是相互的作用。就是男子减少粗野的性行，女子减少了柔弱的性行，也就是以先说的"男得女之柔，女得男之刚"，而起调和作用；且能帮助教育，达它的美满目的。

（六）

减少男女间不道德的行为。这是说因为男女共学，精神上生理上，都受了莫大的感化，就可减少男并女间的好奇心，又可养成互以人格相尊重的习惯。男女间只知是同

★ 男女一同听讲，一同下操，一同游戏，在起头的时候，男女的出处语默，一定谨慎；久而久之，就习为故常，于无形之中，受了许多的感化。

学，是朋友；是完全的一个人；不觉得有什么差别：这就是男女的"忘形交际"。有了这种"忘形的交际"，那些不合理的恋爱，不正当的行为，自然就会减少。但绝不至像反对派所说的，什么"减少男女间结婚的兴味"。不过减少不合理的无意识的结婚，而代以有道理的有意识的结婚就是了。

我国的男女隔离太甚，往往一性索居，倍生烦恼，好奇投机的心，因之而生；败德丧行的事，也常常随之而来。比方我们离家求学的人，若一年不回家，就一年不能和异性人交际谈话；数年或数十年不回家，就数年或数十年不得和异性人交际谈话。不但把我们性质养成枯苦养情；且因烦闷而冶游❶，因冶游而伤身而贻害❷社会的人，也不知有多少。这种人，当初并不是为什么十分过不去的肉欲，不过因一性索居，常生不快的感情，积久生烦，铤而走险罢了。若男女共学，男女两性规模切磋，有潜移默化的力量。这么一来，精神上既少不快的情感，哪会有那些污秽的行为呢？

❶ 冶游：野游；男女在春天或节日里外出游玩。后来专指嫖妓。

❷ 贻害：留下祸害。

（七）

男女社交公开，为自由结婚的基础。从搭自由人格权的说，传到我国，这结婚自由的话，人人好拿它当作美谈。但至今日尚未能普遍实行的原因，虽然是因为那些皇帝式的父母在那把持包办，而最大原因，还在男女的社交不能公开。男女共学的结果，一定能使男女的社交公开。社交公开，那就是立下自由结婚的基础。

四　结论

总之，男女共同教育这件事，在原理和事实上说，不但文明各国，就是我国的今日尽也都可说是不成问题。所当研究的，就是：(一)什么学科是男女应当共学的，什么学科也应当分教的。(二)堂内和堂外校内的编制，应该怎样。——有分别或是无分别。(三)中学时代，男女的情欲特别发达，应该用什么方法去防范男女的道德危险。但要研究这些问题：第一要有学识，第二要有经验。我现在的学识经验都不配来研究这问题；所以把它留到将来讨论。

——《钱江评论》

孙行者与张君劢[1]

胡适之

孙行者站在灵霄殿外，耀武扬威的不服气。如来伸出一只手掌道："你有多大本领；能不能跳出我的手心？"孙行者大笑道："我的师父曾传授给我七十二般变化，还教我筋斗云，一个筋斗就是十万八千里。你有多大的手心！"他缩小了身躯跳上了如来的手掌，喊了一声"老孙去也"！一个筋斗翻出南天门去了。

以后的一段，我不用细说了。孙行者自以为走得很远了，不知道他总不曾跳出如来的手掌。

我的朋友张君劢近来对于科学家的跋扈很有点生气。

[1] 张君劢（1887-1969）：学者，被认为是现代新儒家的代表之一。

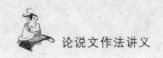

他一只手捻着他稀疏的胡子，一只手向桌上一拍，说道："赛先生，你有多大的手心：你敢用罗辑先生网罗'我'吗？老张去也！"说着，他一个筋斗，就翻出松坡图书馆的大门外去了。

他这一个筋斗，虽没有十万八千里，却也够长了！我在几千里外等候他，等了二七一十四天，好容易望着彩云朵朵，瑞气千条，冉冉而来，——却原来还只是他的小半截身子！其余的部分还没有翻过来呢！

然而我揪住了这翻过来的一截，仔细一看，原来他仍旧不曾跳出赛先生和罗辑先生的手心里！

这话怎讲？且听我道来。

张君劢说：

"人生者变也，活动也，自由也，创造也。……试问论理学上之三大公例（曰同一，曰矛盾，曰折中）何者能证其合不合乎？论理学上之两大方法（曰内纳，曰外绎）何者能推定其前后之相生乎？"

这是柏格森[1]的高徒的得意腔调。他还引了许多师叔师伯的话来助他张目。

然而他所指出的罗辑先生的五样法宝，我们只消祭起一样来，已够打出它的原型来了。我们祭起的法宝，是论理学上矛盾律。

"矛一"张君劢说：

"精神科学中有何种公例，可以推算未来之变化，如天文学之于天象，力学之于物体者乎？吾敢断言曰必无而已。"

"盾一"张君劢又说：

[1] 柏格森（1859-1941）：法国哲学家，文笔优美，思想富于吸引力，曾获诺贝尔文学奖。

"人类目的，屡变不已；虽变也，不趋于恶而必趋于善。"

前面一个"必"字的矛，后面一个"必"字的盾，遥遥相对，好看煞人。

否认人生观有公例的张君劢，忽然寻出这一条"不趋于恶而必趋于善"的大公例来，岂非玄之又玄的奇事！他自己不能不下一个解释，于是他又陷入第二层矛盾。

"矛二"张君劢说：

"精神科学之公例，唯限于已过之事，而于未来之事，则不能推算。"

"精神科学……决不能以已成之例，推算未来也。"

"盾二"张君劢说：

"人类目的，屡变不已。虽变也，不趋于恶而必趋于善。其所以然之故，至为玄妙，不可测度。为据既往以测将来，其有持改革之说者，大抵图所以益世而非所以害世。此可以深信而不疑者也。"

请问"据既往以测将来"是不是"以已成之例推算未来"？

然而张君劢又说：

"矛三""人生观不为论理方法与因果律所支配。"

"盾三"（大前提）"夫事之可以预测者，必为因果律所支配者也。"（小前提）"人类目的屡变不已；然据既往以测将来，……可以深信而不疑"。（结论）故张君劢深信而不疑"人类目的"（人生观）必为因果律所支配者也！

张君劢翻了二七一十四天的筋斗，原来始终不曾脱离罗辑先生的一件小小法宝——矛盾律——的笼罩之下！哈哈！

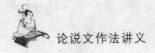

❶ 吴稚晖（1865—1953）：
近代资产阶级思想家、
政治家、书法家。

❷ 张丁科学之争：1923
年2月张君劢在清华
大学发表讲演《人生
观》。同年4月，丁文
江在《努力周报》发
表《玄学与科学》，批
评张君劢的观点，从
而拉开了论战的序
幕。随后，论战的一
方是以丁文江、胡适、
吴稚晖为代表的所
谓"科学派"，另一方
是以张君劢、梁启超
为代表的所谓"玄学
派"。这场科学与人生
观的论战影响广泛而
深刻，对后世以至当
今思想生活都不无启
发意义。

❸ 秆：原书为"干"。后同。

❹ 林宰平：即林志钧
（1878—1961），字宰平，
现代著名诗人、法学
家和哲学家。

❺ 孙美瑶（1898—1923）：
山东枣庄人，曾制造
"临城劫车案"。

箴洋八股化之理学

吴稚晖❶

最近张丁科学之争❷，虽大家引出了许多学理，沾溉我们浅学不少，然主旨所在，大家抛却，唯斗学问的法宝，纵然工力悉敌，不免混闹一阵，实在的主旨，张先生是科学是成就了物质文明，物质文明是促起了空前大战，是祸世殃民的东西。他的人生观是用不着物质文明的。就是免不了，也大家住着高粱秆❸子的土房，拉拉洋车，让多数青年懂些宋明理学，也就够了。于是丁先生发了气，要矫正他这种人生观，却气极了嫚骂了玄学鬼一场，官司就打到别处去了。后来他终究对着林宰平❹先生把他的初意简单说了出来，他说："林先生若承认欧战不一定是科学促成，我的目的达了。"（大意如此）张先生在省宪同志会演说，说政府是暂时存在的东西，我吃惊不小，威廉第二的绿气炮，竟引出了本来慈悲而且科学化的张先生，转变了一个无政府主义者，做我们的同志，我还有何说呢？但是我爱美词，我尤爱真理，无政府时代虽我不及亲见，我想必定是一个瑶池乐园，决不是高粱秆土房，还有拉洋车人的人境。我们人类，自己不要毛皮，自己不要爪牙，四个足跑路很稳，自己冒险，叫两条后腿独任了跑路，把两条前腿转变成了两只手，便已心怀不良，有要闹出物质文明的整备。张先生应该在此时早早反对那两只毒手，才算真有见地。什么放他在抱犊谷用高粱秆子，会造起土房，他定要不安本分出个孙美瑶❺同临城的火车战争了。

张先生若说他长了手，也便就会读《程氏遗书》❶及《朱子全书》❷，精神亦高出于猴子。这我本绝对的承认。然即此便可见他长了手，他才有读程朱理学的结果。最初便是物质进步，然后精神进步。就让一步来讲，他精神进步，有将读程朱理学之倾向，他自然便长了手，马上叫物质也跟着进步。精神物质是双方并进，互相促成，什么战争不战争，竟会归咎到物质呢？西方物质进步，故精神亦随了进。若理想的无战争，必要经由社会主义，及张先生的理想无政府主义，才可达到。程朱的理学，他做梦也说不上。没有哥白尼把一个物质的太阳放在中心，张先生理想的无政府名词，在宋明理学书上寻得出么？所以张先生的人生观，现在我的见解，与丁先生又是不同。他并不见撞见了玄学鬼，他乃不曾请教玄学鬼。他的人生观，是误在他的宇宙观。这说来话长，我已在《太平洋杂志》上投一文，带着批评了，现在也可以不必屡说。我现在要老实请教张先生的，我有三个武断：

（1）张先生厌恶的物质文明，大约即指种种的所谓奇技淫巧。我说他现在所谓奇技淫巧者过了数百年，还止同今日高粱秆子的土房一样。张先生若活到彼时，定还要气得腹大如牛，亦且瞠目不晓得如何反对。

（2）从今日而到理想的无政府，至少还有比欧战大的三十六回，同欧战一样的七十二次。这是我的最干脆最让步的批评。

（3）小学强迫虽未普行于全世界，论理则已普遍。中学强迫，在三十年后，世界上必有一区首先行之。大学强迫在世界完全实行，克己点说三千年，放个大炮说三百年

❶《程氏遗书》：记载北宋思想家、教育家程颢、程颐兄弟的语录，是二程的弟子们记下的，后来由朱熹加以综合编定。

❷《朱子全书》：囊括了北宋理学家朱熹的全部著述的集子。

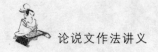

后。到大学强迫的时节，街上的洋车夫，灶下的老妈子，都具有张君劢先生的智识，你想他还会做洋车夫么？还会做老妈子么？他们会肯战争么？他们还会当什么飞机汽车，算得上物质文明么？

本此三武断，可以复下一结论，曰唯物质文明进步到不可思议，设备强迫全世界人的大学轻而易举，世界方能至于无战争。

如谓此次欧战，如何促成，曰：是乃张先生反对物质文明所促成。有人曰德国物质文明忽进步不已，制造了东西太多，思往外贩卖。英国物质文明也进步不已，制造了东西太多，也思往外贩卖。因而攘夺❶贩卖场，就弄到战争。这战争不是明明物质文明所促成？我说这是事实，我所承认。然若世界上都同美国一样，他们到哪里去寻贩卖场？还不是大家收了野心，互相交易而退，各得其所，每天发明点奇技淫巧，以相娱乐么？惟其印度有位张先生读太谷儿❷的好诗，反对物质文明；南洋群岛有位张先生学巫来由长老的静坐，反对物质文明；中国的确有位张先生，在灰堆里拾着一个程夫子的玩物丧志，好像热狂地拜倒，又反对物质文明。然而从寸布一针都要叫柏林或伦敦供给，从前老顽固洋烟是要吸的，洋钱是要拿的，洋学是反对的。现在张先生是理学名儒，洋烟洋钱是不要了。然而火车是要坐的，不肯坐骡车的；轮船是要坐的，不肯坐钓船的；推而至于风扇也要装的，电灯也要点的：于是柏林要揽张先生做主顾，伦敦也要拿张先生算买客，绿气炮便发动了。若归狱于火车、轮船、风扇、电灯、洋布、洋针，它们老实板起了面孔回报道，你既要用我们，你何不

❶ 攘夺：掠夺；强占。

❷ 太谷儿：今译泰戈尔（1861-1941），印度诗人。1913年，他成为第一位获得诺贝尔文学奖的亚洲人。泰戈尔的诗在印度享有史诗的地位，代表作有《吉檀迦利》《飞鸟集》《园丁集》《最后的诗篇》等。

学美国将我们自造？若归狱于张先生的反对物质文明，又要需用它，张先生何说之辞？张先生恕罪，张先生为我们所敬畏之友，且实在是个物质文明提倡者。他是伤心着绿气炮。临时疯颠，凡冒犯个人之处，乃是戏言。至世界有不进步之民族，惹起物质文明进步人之野心乃是真理。欧战之损失，是余中国人之罪也夫，是余中国人之罪也夫，于物质文明何与？这种话头是三十年前郭筠仙为了刘锡鸿❶说的，二十年前梁卓如为了张之洞说的，不料到了今天还要陈庸腐臭的叫吴稚晖为了梁启超、张嘉森说，真算倒霉。

附注

何以羼杂❷了得罪梁先生呢？因为张先生的玄学鬼，首先是托梁先生的《欧游心影录》❸，带回的。最近梁先生上了胡适之的恶当，公然把他长兴学舍以前夹在书包里的一篇《书目答问摘要》，从西山送到清华园，又灾梨祸枣，费了许多报纸杂记的纸张传录了，真可发一笑。二十年前张之洞、王先谦、李文田之徒，重张顾、王戴段的妖焰，（此一时，彼一时，其词若有憾，其实尚可相对许之。）暗把曾国藩的制造局主义夭折了，产出了遮丑的西化国粹，如王仁俊❹一班妖怪的《西学古微》等。幸亏有康祖诒❺要长过素王，才生出一点革命精神。他的徒弟梁启超《时务报》出现，真像哥白尼的太阳中天，方才百妖皆息。当时的西学书目表，虽陋得可以，然在精神上批

❶ 刘锡鸿（？ -1891）：原名刘锡仁，字云生，19世纪60年代洋务运动时期著名的反洋务论者，是保守主义的代表人物之一。

❷ 羼杂（chàn zá）：搀杂，混杂。

❸《欧游心影录》：梁启超于1919年游历欧洲的记录，对战后欧洲的政治、经济、文化等作了全面细致的考察。

❹ 王仁俊（1866-1913）：清末著名史学家、辑佚学家。

❺ 康祖诒：即康有为。

❶《中国哲学史大纲》：胡适写定于1918年9月，此书一出版即因其方法和见解的创新而极受注意，3年时间再版了7次。此书被誉为用现代学术方法系统研究中国古代哲学史的第一部著作，它的出版被视为中国哲学史学科成立的标志。虽然只有上卷，但是它的成就和特色足以为后世哲学史家开出全新的境界。

❷《先秦政治思想》：由梁启超在北京法政专门学校和东南大学讲课的讲义整理而成。

评，要算光焰万丈，较之今日的书目，尽管面目方雅，可惜祸世殃民，真有一是福音，一多鬼趣之别。他受了胡适之《中国哲学史大纲》❶的影响，忽发整理国故的兴会，先做什么《清代学术概论》，什么《中国历史研究法》都还要得；后来许多学术讲演，大半是妖言惑众，什么《先秦政治思想》等，正与《西学古微》等一鼻孔出气，所以他要造文化学院，隐隐说他若死了，国故便没有人整理。我一见便愿他早点死了。照他那样的整理起来，不知要葬送多少青年哩。

我不是敢骂梁先生，我是诚心的劝谏。凡事失诸毫厘，差以千里。不是胡适之的《哲学史大纲》便是好的，梁先生的《先秦政治思想》❷便是谬的。现今有许多古学整理的著作，我都拜到。然而或是考订的，或是质疑的，或是撮录的，价值都大。唯有借了酒杯，浇着块垒，真叫做下作。

胡先生的大纲，杂有一部分浇块垒的话头，虽用意是要革命，也很是危险，容易发生流弊。果然引出了梁漱溟的文化哲学及梁启超的学术讲演。胡先生所发生的一点革命效果，不够他们消灭。他们的谬误，乃是完全摆出《西学古微》的面孔，什么都是我们古代有的，什么我们还要好过别人的，一若进化学理真是狗屁。唯有二千年前天地生才，精华为之殚竭。无论亿万斯年，只要把什么都交给周秦间几个死鬼，请他们永远包办，便万无一失了。你想他如此的向字纸篓里，掏甘蔗渣出来咀嚼，开了曲阜大学文化学院，遍赠青年，岂不祸世殃民呢？这是梁先生走去那条路上，走得太远了，所以陷入迷魂阵。

　　我有一天跑到胡先生的书房里，四壁架满了线装书，桌上也堆得东一堆西一叠。他随手把面前的一堆移过，他说你看了是不乐意的。我说这些给你看，我是热烈赞同的。但是我二十年前同陈颂平先生相约不看中国书，直到五四运动之后，我遇见康白情❶、傅斯年❷诸位先生我才悟他们都是饱看书史，力以不空疏为尚。他们不是闹什么新文化，简直是复古。我想时机到了，古学有整理之必要，所以要请章太炎去里昂讲经。去年将国内国外的空气细细一检验，我的思想上了大当，觉得妖雾腾空，竟缩回到《时务报》❸出世以前。影响在政界，把什么最热烈的革命党，都化为最腐臭的官僚，简单归罪，可以说是四六电报打出来的。

　　这国故的臭东西，它本同小老婆吸鸦片相依为命。小老婆吸鸦片，又同升官发财相依为命。国学大盛，政治无不腐败。因为孔、孟、老、墨便是春秋战国乱世的产物。非再把它丢在茅厕里三十年，现今鼓吹成一个干燥无味的物质文明，人家用机关枪打来，我也用机关枪对打，把中国站住了，再整理什么国故，毫不嫌迟。

　　什么叫做国故？与我们现在的世界有什么相关？它不过是世界一种古董，应保存的罢了。埃及巴比伦的文字，希腊罗马的学术，因明唯识的佛经，周秦汉魏的汉学，是世界上人公共有维护之责的东西，是各国最高学院应该抽几个古董高等学者出来作不断的整理，这如何还可以化青年脑力，作为现世界的教育品呢？亚里斯多德之古籍，经流血而掷诸校门以外。希腊拉丁之文，至今逐渐强迫最古董之学院废除。此种彰明较著的大改革，是世界共认为天

❶ 康白情（1896-1959）：中国白话诗的开拓者之一。毕业于北京大学，1918年秋，与傅斯年、罗家伦等人组织"新潮社"，创办《新潮》月刊。著有诗集《草儿》《河上集》等。

❷ 傅斯年（1896-1950）：历史学家、五四运动学生领袖之一。曾任北京大学代理校长、台湾大学校长。

❸《时务报》：维新运动时期著名的维新派报纸，是当时维新派最重要的、影响最大的机关报。1896年8月9日在上海创刊，是中国人办的第一个杂志。

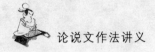

❶《七侠五义》：古典名著《三侠五义》的改编同人本，由近代学者俞樾改。《三侠五义》，清人据石玉昆说唱的《龙图公案》及其笔录本《龙图耳录》改编。石玉昆，字振之，号问竹主人，天津人。他"博学善辩"，乃"西派之超绝者。谈唱皆雅"。殁后有《赞昆》子弟书，名重一时。后有续书《续侠义传》《小五义》《续小五义》《续七侠五义》《后续小五义》等。

❷ 抱残守缺：守住陈旧、残破的东西，不肯放弃。形容思想保守，不求上进，不肯接受新事物。也作"保残守缺"。

❸ 胡先骕（1894-1968）：植物学家和教育家，中国植物分类学的奠基人。代表作有《中国植物志》《植物分类学简编》等。

经地义的了。梁先生还要开一笔古董账，使中学毕业的学生，挟之而渡重洋，岂非大逆不道？胡适之是拿六经三史做了招牌，实在是要骗他们读《七侠五义》❶。梁先生上了他的当，竟老实得傻气出来，把青年堆在灰字簏里，梁先生自己睡了想想，他算得上一个笨伯罢？

章太炎的考据，定也不算丢丑。他那章氏丛书里几种小品，可以充得传作。但他要把那灰字簏的东西，对青年做一个新系统的传达，他就糟了。去年在江苏省教育会的讲演，我在伦敦看《民国日报觉悟》所载，我替他短气。乃现在还被什么书坊刻了出来，真是他老年的污点。人己对照，便能觉悟那种灰色的书目，是一种于人大不利，于学无所明的东西了。

从前张小浦说得好，"倘真正是国粹，何必急急去保？二千年以来，定孔孟为一尊，斥老墨为异端，排除无所不至，然而老墨之书至今光景长新。"所以在三十年内姑且尽着梁先生等几个小数学者，抱残守缺❷，已经足够，不必立什么文化学院，贻害多数青年；更不必叫出洋学生带了许多线装书出去，成一个废物而归。充其量都成了胡适之、胡先骕❸诸位先生，也不过做一个洋八股的创造人而已。少数的胡适之、胡先骕原是要的，不幸梁先生要大批地造，不幸又有最高等的学者张君劢先生出来做护法，使他繁殖。因此，同张先生反抗，并词连了梁先生。